MAPA DEL DIAPASÓN

Patrones esenciales para la guitarra
que todos los profesionales conocen y utilizan

2.º EDICIÓN

POR FRED SOKOLOW

Grabación
Guitarra y otros instrumentos de cuerda y voz—Fred Sokolow
Ingeniero de sonido, bajo y otros instrumentos—Dennis O'Hanlon
Grabado en O'Hanlon Recording and Music Services

Asistencia editorial por Ronnie Schiff

ISBN 978-1-4584-1179-2

HAL•LEONARD®
CORPORATION
7777 W. BLUEMOUND RD. P.O. BOX 13819 MILWAUKEE, WI 53213

Contacto en Australia:
Hal Leonard Australia Pty. Ltd.
4 Lentara Court
Cheltenham, Victoria, 3192 Australia
Correo electrónico: ausadmin@halleonard.com

Visite Hal Leonard en línea en:
www.halleonard.com

CONTENIDOS

3   **INTRODUCCIÓN**
4   CÓMO LEER LOS GRÁFICOS DE ACORDES
4   CÓMO LEER LOS DIAGRAMAS DEL DIAPASÓN
5   CÓMO LEER UNA TABLATURA

6   (#1)   **NOTAS EN EL DIAPASÓN**
     Consejos sobre cómo aprenderlas

8   (#2)   **LA ESCALA MAYOR**
     Cómo entender los intervalos; escalas mayores en primera posición

15   (#3)   **DOS FIGURAS DE ACORDES MAYORES MÓVILES**
     Acordes E y A con cejilla, fundamental y progresiones simples

19   (#4)   **LA FAMILIA DE ACORDES I-IV-V**
     Cómo utilizar dos acordes mayores móviles para tocar Blues y otras progresiones

28   (#5)   **LA HOJA DE RUTA D-A-F**
     Cómo utilizar tres acordes mayores para seguir un acorde en todas sus inversiones

35   (#6)   **FRAGMENTO DE ACORDE/FAMILIAS DE ACORDES**
     Cómo utilizar tres acordes/familias de acordes para tocar licks, rasgueos y arpegios

41   (#7)   **PROGRESIONES BASADAS EN EL CÍRCULO DE QUINTAS**
     Cómo entender y tocar muchas progresiones en todo el diapasón

48   (#8)   **VARIACIONES DE LOS DOS ACORDES MAYORES MÓVILES**
     Un atajo para aprender todos los diferentes tipos de acordes

54   (#9)   **ESCALAS MAYORES MÓVILES**
     Una para cada acorde; cómo tocar melodías

59   (#10)   **TRES ESCALAS MÓVILES DE BLUES**
     Cómo utilizar tres posiciones móviles para tocar licks y melodías

65   (#11)   **ESCALAS PENTATÓNICAS MAYORES**
     Una escala con la fundamental en las cuerdas 5.º Y 6.º; práctica de licks

70   (#12)   **UN LICK MÓVIL CON DOBLE NOTA**
     Interpretación en las cuerdas primera y tercera; cómo se utiliza en el blues, country, rock y R&B

76   **¿Y DESPUÉS?**
76   **CÓMO UTILIZAR LAS PISTAS DE PRÁCTICA**
77   **SOBRE EL AUTOR**
78   **LEYENDA DE NOTACIÓN DE GUITARRA**
80   **HOJA DE PISTAS/ÍNDICE DE CANCIONES**

INTRODUCCIÓN

Existen patrones móviles en el diapasón de la guitarra que te ayudan a pensar como a un músico y te permiten tocar acordes, licks, escalas y progresiones en todas las tonalidades. Los profesionales conocen estas hojas de ruta del diapasón, aún cuando no sepan leer música. No importa si tocas rock, blues, jazz, country o música clásica, estas hojas de ruta son *esenciales para tocar la guitarra*.

Necesitas estas hojas de ruta del diapasón si...

- Todos tus solos suenan igual y te gustaría poder elegir entre diferentes estilos y sabores.

- Te cuesta tocar en algunas tonalidades más que en otras.

- No puedes tocar automáticamente cualquier melodía que piensas o tarareas.

- Sabes que algunas melodías suenan similares, pero sigues aprendiendo cada progresión como si fuera la única de su clase.

- Tu vocabulario sobre acordes es limitado y memorizas nuevos acordes lentamente sin saber cómo están estructurados.

- Sabes cosas de aquí y de allá sobre la guitarra, pero no tienes un sistema para organizar todo.

Sigue leyendo y comprenderás muchos de los misterios de la guitarra. Después de haber escrito más de cien libros de guitarra, puedo decir que este es el único que mis estudiantes deben leer; al menos los que se toman las cosas en serio.

¡Buena suerte!

Fred Sokolow

LA GRABACIÓN Y LAS PISTAS DE PRÁCTICA

Todos los licks y canciones y todos los riffs de este libro se pueden escuchar en la grabación complementaria. Es muy útil escuchar cada canción o ejercicio antes de tratar de tocarlos.

También hay *cinco pistas de práctica* en la grabación. Está mezclado de manera tal que la guitarra se escucha en un canal del estéreo y la banda de acompañamiento en el otro. Cada pista ilustra uno o dos conceptos de la hoja de ruta, por ejemplo, cómo hacer un solo blusero o tocar acordes/licks. Puedes bajar el volumen de la pista de guitarra y tocar junto con la pista de acompañamiento para practicar.

PISTA 1

Puedes afinar tu guitarra con la Pista 1 del CD. Haz coincidir los sonidos de tu guitarra con los sonidos que escuches cuando suene cada cuerda.

CÓMO LEER LOS GRÁFICOS DE ACORDES

Un *gráfico de acordes* es una imagen de varios trastes del diapasón de la guitarra. Los puntos te muestran dónde pisar (con el dedo) las cuerdas.

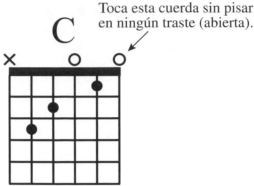

Toca esta cuerda sin pisar en ningún traste (abierta).

Los números debajo del gráfico indican la digitación. El número a la derecha del gráfico es el *número de traste*.

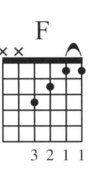

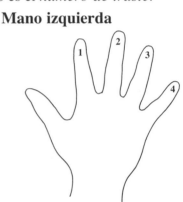

Mano izquierda

CÓMO LEER LOS DIAGRAMAS DEL DIAPASÓN

Cada *diagrama del diapasón* es una imagen esquemática del diapasón de la guitarra, tal como se ve cuando lo miras mientras tocas.

- La sexta cuerda es la más pesada y está al final; la primera, por otro lado, es la más liviana y está al principio.
- Los números de los trastes más importantes, como el 5, 7 y 10, se indican debajo del gráfico.
- Los *puntos* en el diapasón indican qué cuerdas debes pisar (igual que en los gráficos de acordes).
- Los *números* en el diapasón indican qué dedo debes usar (1= dedo índice; 2 = dedo mayor; etc.).
- Las *letras* en el diapasón son notas (A, B♭, C♯, etc.).
- Los *números romanos* (I, IV, etc.) en el diapasón son las fundamentales de los acordes.

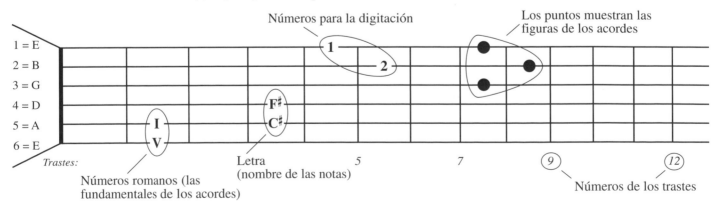

Números para la digitación

Los puntos muestran las figuras de los acordes

Letra (nombre de las notas)

Números romanos (las fundamentales de los acordes)

Números de los trastes

CÓMO LEER UNA TABLATURA

Las canciones, las escalas y los ejercicios de este libro están escritos con notación musical y tablatura estándares. Las seis líneas de las tablaturas representan las seis cuerdas de la guitarra. Un número en una línea te indica qué cuerda tocar y dónde pisarla.

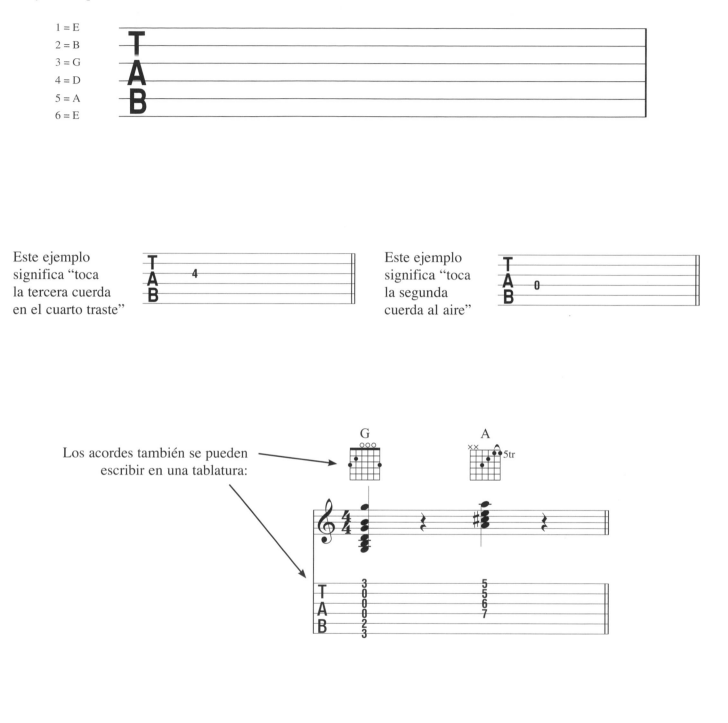

1 = E
2 = B
3 = G
4 = D
5 = A
6 = E

Este ejemplo significa "toca la tercera cuerda en el cuarto traste"

Este ejemplo significa "toca la segunda cuerda al aire"

Los acordes también se pueden escribir en una tablatura:

LEYENDA DE NOTACIÓN DE GUITARRA

Todos los detalles de la notación de las tablaturas (ligados ascendentes, glissandos, etc.) se explican en la *leyenda de notación de guitarra* en la parte de atrás de este libro.

NOTAS EN EL DIAPASÓN

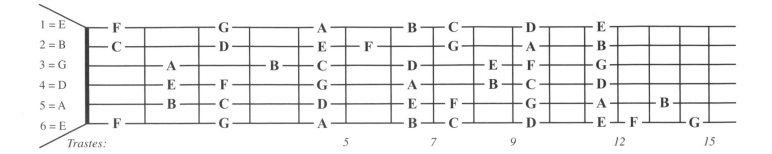

1 = E	F		G		A		B	C		D		E		
2 = B	C			D		E	F		G		A		B		
3 = G		A		B	C		D		E	F		G			
4 = D		E	F		G		A		B	C		D			
5 = A		B	C		D		E	F		G		A		B	
6 = E	F		G		A		B	C		D		E	F		G

Trastes: 5 7 9 12 15

¿POR QUÉ?

Saber la ubicación de las notas te ayudará a encontrar los acordes y las escalas hacia arriba y hacia abajo del mástil (cuello). También te ayudará a construir, cambiar y entender acordes (por ejemplo, "¿Cómo toco este acorde con la séptima bemol? ¿Qué hace que este acorde sea menor y no mayor?"). Y, si alguna vez quieres leer notación musical estándar (por ejemplo, leer una melodía en un cancionero), debes saber adónde están las notas.

¿QUÉ?

Las notas se hacen más agudas a medida que pasas las letras del alfabeto y subes en el diapasón.

Un tono equivale a dos trastes y un semitono equivale a un traste. La mayoría de las notas está a un tono de distancia (de C a D hay dos trastes; de D a E hay dos trastes), pero hay semitonos en dos lugares: de B a C hay un traste, y de E a F hay un traste.

Los sostenidos están un traste más arriba: 6.º cuerda/3.º traste = G, entonces 6.º cuerda/4.º traste = G♯. 6.º cuerda/8.º traste = C, entonces 6.º cuerda/9.º traste = C♯.

Los bemoles están un traste más abajo: 6.º cuerda/5.º traste = A, entonces 6.º cuerda/4.º traste = A♭. 6.º cuerda/10.º traste = D, entonces 6.º cuerda/9.º traste = D♭.

Algunas notas tienen dos nombres: 6.º cuerda/4.º traste es tanto G♯ y A♭. El nombre que se usa depende del contexto musical.

¿CÓMO?

Las marcas en el diapasón ayudan. La mayoría de las guitarras tienen incrustaciones en el diapasón o marcas en el mástil que indican el 5.º, 7.º, 9.º y 12.º traste. ¡Ten presente estas señales! Una vez que hayas memorizado que 6.º cuerda/5.º traste = A, la marca del diapasón en el 5.º traste te ayudará a llegar allí rápidamente.

Todo vuelve a comenzar en el 12.º traste. El 12.º traste es como una segunda cejilla. La 6.º cuerda que está tres trastes después de la cejilla es la G; la 6.º cuerda que está tres trastes después del 12.º traste también es la G.

La 6.º y 1.º cuerda son iguales. Cuando memorices las notas de las 6.º cuerda, también habrás memorizado las de la 1.º.

¡HAZLO! **Comienza por memorizar las notas de la 6.º y 5.º cuerdas.** Muy pronto necesitarás estas notas para la **HOJA DE RUTA N.º 3**.

Sube por la 6.º cuerda y, mientras lo haces, nombra las notas. Comienza sólo con los nombres de las letras (F, G, etc.); luego añade los bemoles o los sostenidos.

Evalúa tu desempeño en la 6.º cuerda. Toca notas al azar, en distinto orden, y nómbralas a medida que lo hagas.

Aprende las notas de la 5.º cuerda de la misma manera. Sube por la cuerda nombrando las notas; luego evalúa tu desempeño al tocar notas al azar.

Toca las octavas de la 6.º y 4.º cuerdas para aprender las notas de la 4.º cuerda. Cuando utilizas la posición de la mano, como se muestra en el gráfico de acordes adyacente, para tocar la 6.º y 4.º cuerdas simultáneamente, la nota de la 4.º cuerda es la misma nota que la de la 6.º, sólo que es una *octava* (ocho notas) más aguda . Una vez que hayas memorizado las notas en la 6.º cuerda, esto será un atajo para aprender las notas de la 4.º cuerda.

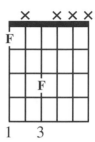

Después de tocar muchas octavas, sube por la 4.º cuerda y, mientras lo haces, nombra las notas. Sigue utilizando la 6.º cuerda como punto de referencia. Luego, evalúa tu desempeño en la 4.º cuerda de la misma manera que lo hiciste en la 6.º.

Toca las octavas de la 5.º y 3.º cuerdas para aprender las notas de la 3.º cuerda. Puedes relacionar las notas de la 3.º cuerda con las de la 5.º.

Sube por la 2.º cuerda y, mientras lo haces, nombra las notas. Luego, toca notas al azar en la 2.º cuerda y, mientras lo haces, nómbralas.

EN RESUMEN: AHORA SABES...

1. La ubicación de las notas en el diapasón, en especial en las cuerdas quinta y sexta.

2. El significado de estos términos musicales:
   a) Sostenido (♯)
   b) Bemol (♭)
   c) Tono
   d) Semitono

7

LA ESCALA MAYOR

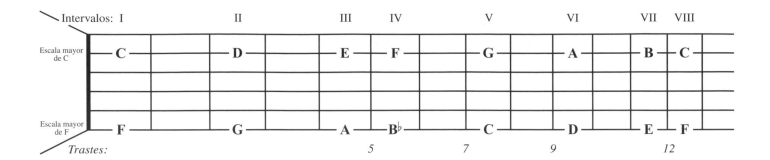

Intervalos:	I		II		III	IV		V		VI		VII	VIII	
Escala mayor de C	C		D		E	F		G		A		B	C	
Escala mayor de F	F		G		A	B♭		C		D		E	F	
Trastes:					5	7		9				12		

¿POR QUÉ? La escala mayor es una regla que te ayuda a medir las distancias entre notas y acordes. Conocer la escala mayor te ayudará a entender y a hablar acerca de la construcción de acordes y escalas y de las relaciones de los acordes.

¿QUÉ? **La escala mayor es la escala de "Do-Re-Mi", que has escuchado toda la vida.** Existen muchas canciones conocidas que se han compuesto a partir de las notas de esta escala.

Los intervalos son distancias entre notas. Los intervalos de la escala mayor se utilizan para describir estas distancias. Por ejemplo, E es la tercera nota de la escala mayor de C, y está cuatro trastes por encima de C (ver arriba). La distancia o intervalo se llama *tercera*. De la misma manera, A está una tercera por encima de F y C♯ está una tercera por encima de A. En la guitarra, *una tercera siempre equivale a una distancia de cuatro trastes*.

Los intervalos de una segunda, tercera, sexta y séptima pueden ser mayores o menores. *Mayor* significa "como en la escala mayor" y *menor* significa "achicada o un traste más abajo". Por ejemplo, E es una tercera mayor (cuatro trastes) sobre C, entonces E♭ es una tercera menor (tres trastes) sobre C.

Una octava es el intervalo de ocho notas. Abarca la escala. Desde C hasta la próxima C más aguda hay una octava. Las notas con una distancia de una octava suenan iguales. Son la misma nota en diferentes alturas. En otras palabras, todas las C suenan del mismo modo; al igual que todas las D, las E, etc.

La música se toca en tonalidades. Una tonalidad le da a una pieza musical una base. Una canción en tonalidad de C utiliza notas melódicas de la escala mayor de C y, generalmente, termina en una nota C o en un acorde C.

Tensión y resolución: Cuando dejas el acorde fundamental o base (por ejemplo, un acorde C en la tonalidad de C), esto produce *tensión* musical. Esa tensión se *resuelve* cuando se regresa al acorde fundamental o base.

¿CÓMO?

Cada escala mayor tiene el mismo patrón de intervalos de tonos y semitonos.

Escala mayor de C

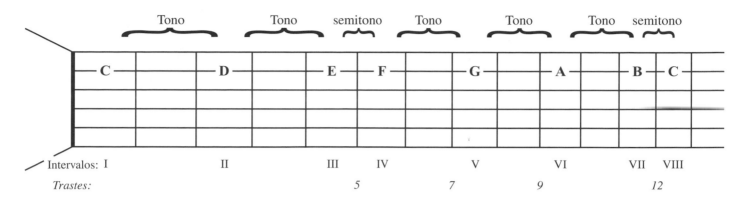

Intervalos: I	II	III	IV	V	VI	VII	VIII
Trastes:		5	7	9		12	

En otras palabras, la escala mayor asciende por medio de *tonos* (dos trastes por vez) con dos excepciones: hay un *semitono* (un traste) de la tercera a la cuarta nota, así como de la séptima a la octava nota.

Cada intervalo puede describirse en términos de trastes. Una segunda equivale a dos trastes, una tercera mayor a cuatro trastes, una octava a doce trastes, y así sucesivamente.

Los intervalos también pueden encontrarse en el diapasón si los relacionas con la 6.º y 5.º cuerdas, como las octavas en el capítulo anterior:

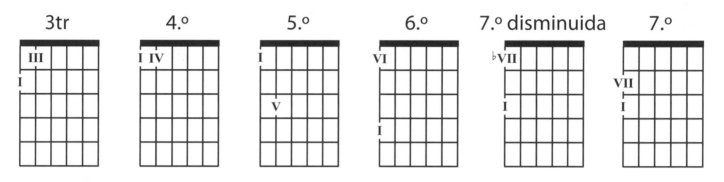

Los intervalos se pueden extender más allá de la octava. Corresponden a intervalos disminuidos:

— Una *novena* está dos trastes por encima de la octava. Es la misma nota que la *segunda*, pero una octava más aguda.

— Una *undécima* está cinco trastes por encima de la octava. Es la misma nota que la *cuarta*, pero una octava más aguda.

— Una *decimotercera* está nueve trastes por encima de la octava. Es la misma nota que la *sexta*, pero una octava más aguda.

Escala mayor de C

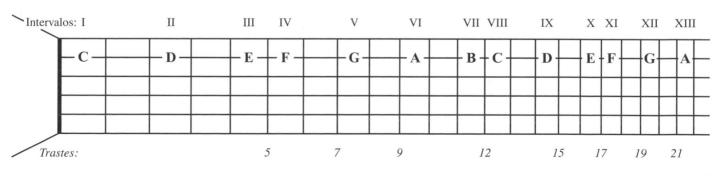

Intervalos: I	II	III	IV	V	VI	VII	VIII	IX	X	XI	XII	XIII
Trastes:		5	7	9	12		15	17	19	21		

9

Armaduras de clave: Toda escala mayor (a excepción de C) tiene algunos bemoles y sostenidos. Están identificados en la *armadura de clave* en la notación musical. La armadura de clave precede cualquier pieza musical y le indica al intérprete que ciertas notas deben tocarse como bemoles o sostenidos a lo largo de la pieza.

— **Estas son las armaduras de clave de uso más frecuente.** Familiarízate con todas ellas.

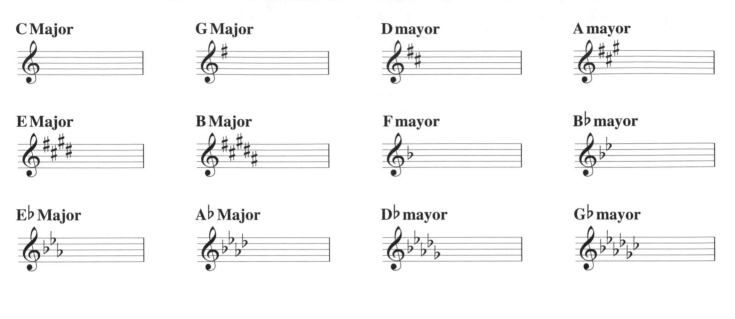

C Major   G Major   D mayor   A mayor

E Major   B Major   F mayor   B♭ mayor

E♭ Major   A♭ Major   D♭ mayor   G♭ mayor

¡HAZLO!

Para aprender las armaduras de clave y los intervalos de la escala mayor...

— **Toca y encuentra la nota que sea una tercera, una cuarta y una quinta más aguda, etc.** Hazlo contando la cantidad correcta de trastes en una sola cuerda y relacionando el intervalo con la 5.º o 6.º cuerdas.

— **Toca escalas mayores en una sola cuerda.** Sube por la cuerda y, mientras lo haces, nombra las notas:

Escala mayor de E

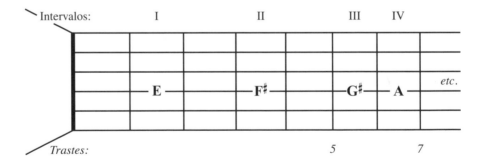

Escala mayor de B♭

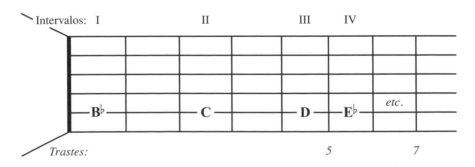

— **Analiza los acordes en términos de notas e intervalos.** Un *acorde* equivale a tres o más notas interpretadas simultáneamente. Todo tipo de acorde (mayor, menor, etc.) tiene una *fórmula para calcular los intervalos*. Por ejemplo, un acorde mayor está compuesto por 1, 3 y 5. Por lo tanto, un acorde C mayor está compuesto por las notas primera, tercera y quinta de la escala mayor de C: C (1), E (3) y G (5).

— Como se muestra en este gráfico del diapasón, puedes ver cualquier acorde y nombrar las notas que contiene, así como los intervalos que representa. La nota que le da el nombre al acorde (como en el caso de E y E7) te indica qué escala mayor estás utilizando.

— Repite el proceso con los acordes móviles que suben por el mástil (acordes que no incluyen cuerdas al aire), como el acorde C con cejilla que figura a la derecha. (Verás acordes como este en la **HOJA DE RUTA N.º 3**).

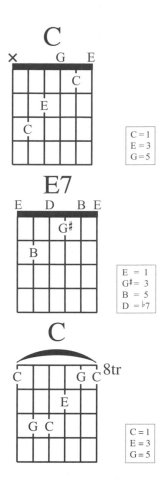

— **Aprende las escalas mayores en primera posición a continuación.** Podrás tocar melodías en las tonalidades sencillas de la guitarra con mayor facilidad (C, G, D, A y E). Toca cada escala una y otra vez con un tempo constante para practicarlas.

Escala mayor de C

Escala mayor de G

Escala mayor de D

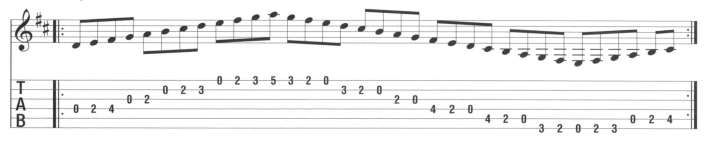

Escala mayor de A

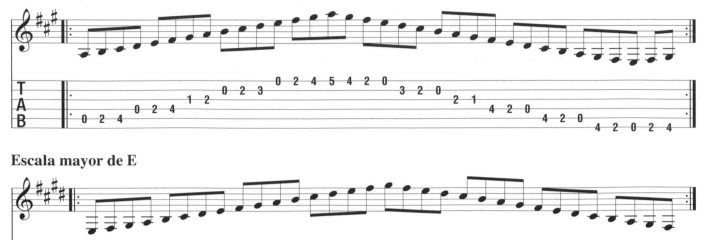

Escala mayor de E

Aunque una canción tenga muchos cambios de acordes, generalmente su melodía puede tocarse **utilizando sólo un acorde mayor: el acorde I de la escala mayor.** Intenta tocar la melodía de la canción de vaqueros "Red River Valley", que figura a continuación, en cinco tonalidades. En cada tonalidad, el acorde I de la escala mayor es todo lo que necesitas para tocar la canción. En todas las tonalidades menos en la primera, la C, se utilizan algunos glissandos, ligados ascendentes y ligados descendentes para embellecer un poco la canción.

PISTA 2

RED RIVER VALLEY

Tonalidad de C

Tonalidad de G

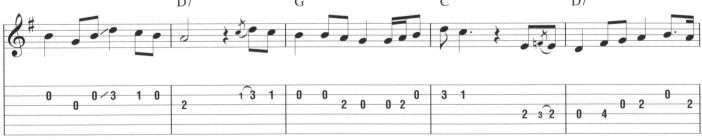

Tonalidad de D

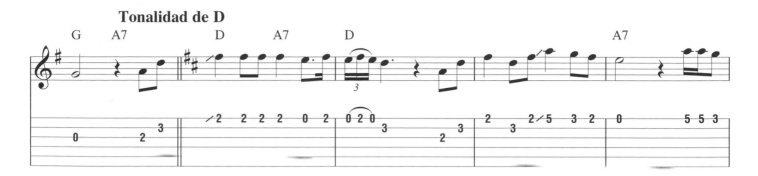

Tonalidad de A

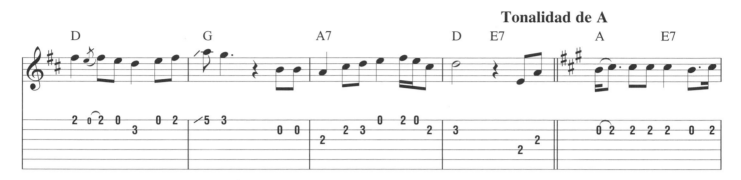

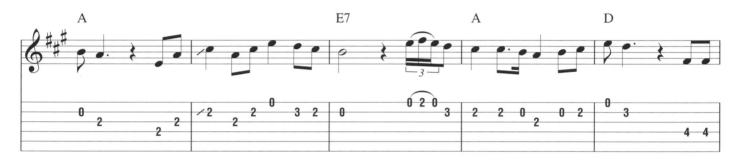

Tonalidad de E

EN RESUMEN: AHORA SABES...

1. Los intervalos de una escala mayor (tono, semitono, etc.).

2. Cómo tocar una escala mayor en una sola cuerda.

3. El número de trastes que compone cada intervalo (una tercera, cuarta, etc.).

4. Cómo encontrar intervalos en el diapasón en relación con las cuerdas 6.º y 5.º.

5. Cómo reconocer las armaduras de clave y cómo muchos sostenidos y bemoles están en cada tonalidad.

6. Cómo analizar acordes para notas e intervalos.

7. Cómo tocar escalas mayores en primera posición en tonalidades de C, G, D, A y E.

8. El significado de estos términos musicales:
   a) Intervalos
   b) Tonalidad y armadura de clave
   c) Acorde
   d) Octava

DOS FIGURAS DE ACORDES MAYORES

Acorde con la fundamental en la 5.º cuerda   Acorde con la fundamental en la 6.º cuerda

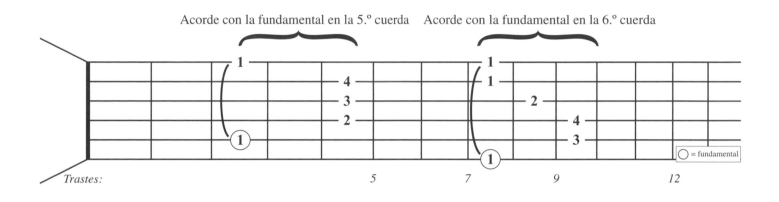

Trastes: 5 7 9 12

○ = fundamental

MÓVILES

¿POR QUÉ?

Los *acordes móviles* **no tienen cuerdas al aire,** así que pueden tocarse (moverse) en todo el diapasón. Los dos acordes móviles de la **HOJA DE RUTA N.º 3** te ayudarán a comenzar a tocar acordes subiendo y bajando por el mástil. Estas dos formaciones de acordes pueden modificarse levemente para producir una docena de tipos de acordes (menores, séptimas, novenas, etc.), así que son la base de muchos acordes que aprenderás en la **HOJA DE RUTA N.º 8**.

¿QUÉ?

Un acorde móvil puede tocarse en todo el diapasón. No tiene cuerdas al aire (sin pisar).

La *fundamental* es la nota que le da el nombre al acorde. La fundamental de todos los acordes C (C7, C menor, C aumentada, etc.) es C.

Un *acorde mayor* tiene tres notas: la fundamental, y las notas que están una tercera y una quinta por encima de la fundamental. Por ejemplo, un acorde C mayor está compuesto de la 1.º, 3.º y 5.º notas en la escala mayor de C: C, E y G.

La formación del acorde con la fundamental en la 6.º cuerda es un acorde "E con cejilla". (Las fundamentales están marcadas con un círculo).

Formación de "E con cejilla"   E

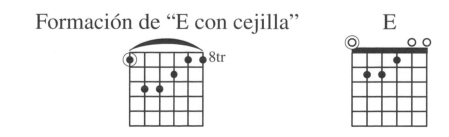

8tr

La formación del acorde con la fundamental en la 5.° cuerda es un acorde "A con cejilla".

Formación de "A con cejilla"

o

¿CÓMO? Los números debajo del gráfico de acordes indican la digitación sugerida:

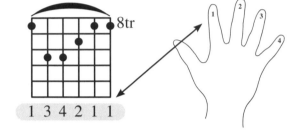

8tr

1 3 4 2 1 1

Haz cejilla en el acorde con la fundamental en la 5.° cuerda alternativo con tu tercer o cuarto dedo; el que te resulte más cómodo. La mayoría de las personas no pueden evitar pisar la primera cuerda mientras lo hacen, pero no toques la cuerda con la mano del rasgueo/de la púa.

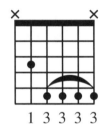

1 3 3 3 3

La 6.° cuerda identifica el acorde con cejilla con la fundamental en la 6.° cuerda. Es un acorde G cuando se lo toca en el 3.° traste, porque la 6.° cuerda/3.° traste es la G. En el 6.° traste es un acorde B♭, y así sucesivamente.

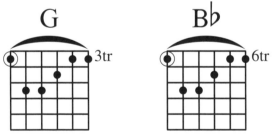

G   B♭

3tr   6tr

La 5.° cuerda identifica el acorde con cejilla con la fundamental en la 5.° cuerda. Es un acorde C en el 3.° traste, porque la 5.° cuerda/3.° traste es LA C. En el 9.° traste es F♯ (G♭), y así sucesivamente.

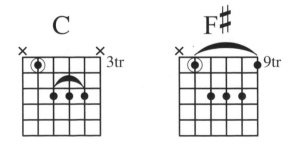

C   F♯

3tr   9tr

¡HAZLO! **Toca los acordes con la fundamental en la 6.º cuerda en todo el diapasón** y, mientras lo haces, nombra los acordes.

Toca los acordes con la fundamental en la 5.º cuerda en todo el diapasón y nómbralos.

Toca cualquier acorde que se te ocurra de dos maneras:

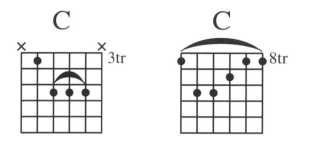

Toca esta progresión de rock* utilizando acordes con la fundamental en la 6.º cuerda. Esta progresión concuerda con "Louie, Louie", "Twist and Shout", "La Bamba", "Wild Thing", "Good Lovin" y muchas otras canciones de rock clásico.

PISTA 3

Tonalidad de G

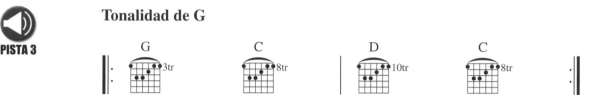

Esta progresión está dividida en *compases*, con cuatro tiempos por compás. (Rasguea una vez por cada tiempo). Las barras de repetición ‖: :‖ te indican que debes repetir los dos compases de música o cualquier música que esté comprendida entre ellas.

*Una *progresión* es una secuencia de acordes ordenados (generalmente, con cierta relación entre ellos) que se repite muchas veces en una canción.

Toca esta misma progresión utilizando acordes con la fundamental en la 5.º cuerda.

Tonalidad de G

Tócala en diferentes tonalidades. Esto es fácil si observas las distancias de los trastes (intervalos) entre acordes. Por ejemplo, el segundo acorde (C) en la progresión está cinco trastes arriba del primer acorde (G). Esto sirve para todas las tonalidades; el tercer acorde está dos trastes arriba del segundo acorde en cualquier tonalidad.

Tonalidad de F

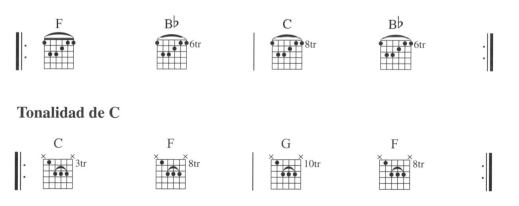

Tonalidad de C

Toca esta progresión de rock básica; primero con los acordes con la fundamental en la 6.º cuerda y luego con los acordes con la fundamental en la 5.º:

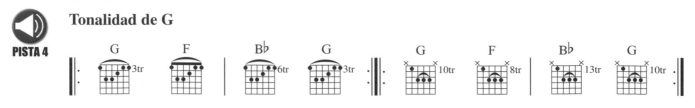

Tonalidad de G

Toca la misma progresión en otras tonalidades. Recuerda prestarles atención a los intervalos entre los acordes (por ejemplo, el segundo acorde está dos trastes abajo del primer acorde, etc.):

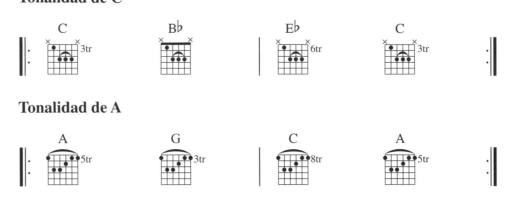

Tonalidad de C

Tonalidad de A

Toca esta progresión; primero con los acordes con la fundamental en la 6.º cuerda y luego con los acordes con la fundamental en la 5.º:

Tonalidad de G

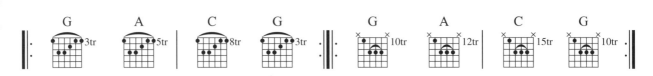

Toca la misma progresión en diferentes tonalidades.

EN RESUMEN: AHORA SABES...

1. Dos acordes móviles, uno con la fundamental en la 6.º cuerda y otro con la fundamental en la 5.º cuerda.

2. Cómo tocar cualquier acorde mayor de dos formas utilizando los acordes mayores móviles.

3. Cómo tocar progresiones simples en todas las tonalidades con estos acordes.

4. Los intervalos que componen un acorde mayor.

5. El significado de estos términos musicales:
   a) Fundamental
   b) Acorde mayor
   c) Progresión

LA FAMILIA DE ACORDES
I-IV-V

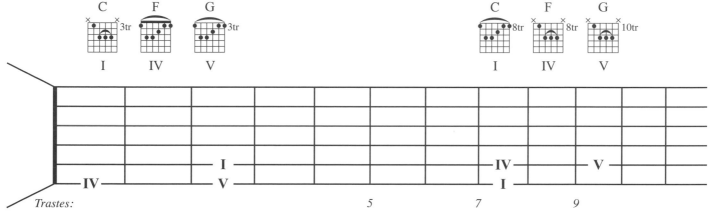

 ¿POR QUÉ? La familia de acordes I–IV–V es la base para un sinnúmero de progresiones de acordes en el pop, rock, country, blues, folk y jazz. La **HOJA DE RUTA N.º 4** muestra cómo ubicar familias de acordes automáticamente en cualquier tonalidad a lo largo del diapasón.

¿QUÉ? Los números romanos en el gráfico anterior indican las fundamentales de los acordes I, IV y V en la tonalidad de C.

Los números I, IV y V hacen referencia a la escala mayor de tu tonalidad.

El acorde I se llama así porque su fundamental es la nota de la tonalidad; por ejemplo, en la tonalidad de C, el acorde C es el acorde I.

La fundamental del acorde IV está una cuarta arriba de la nota de la tonalidad (una cuarta arriba de la fundamental del acorde I). Por ejemplo, F es la cuarta nota en la escala mayor de C, por lo que el acorde F es el acorde IV en la tonalidad de C.

La fundamental del acorde V se encuentra una quinta arriba de la nota de la tonalidad. Además, su fundamental esta un tono arriba de la fundamental del acorde IV. G está una quinta arriba de C (y un tono arriba de F), por lo que el acorde G es el acorde V en la tonalidad de C.

Los acordes I, IV y V forman una "familia de acordes". Se utilizan juntos con tanta frecuencia que para orientarte en una tonalidad específica, primero debes encontrarlos en el diapasón en esa tonalidad.

¿CÓMO? Los patrones de notas fundamentales I–IV–V en el gráfico del diapasón son móviles.

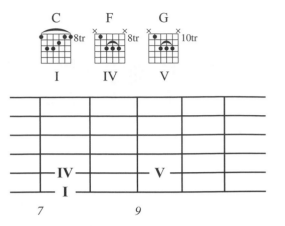

Familia del acorde C (de la HOJA DE RUTA N.º 4)

— La familia del acorde C tiene un acorde I con la fundamental en la 6.º cuerda.

— Cuando el acorde I tiene la fundamental en la 6.º cuerda, la fundamental del acorde IV siempre está en el mismo traste/5.º cuerda.

— La fundamental del acorde V siempre está dos trastes arriba de la fundamental del acorde IV.

— Estas son algunas familias de acordes que ejemplifican este patrón (las fundamentales se muestran en un círculo):

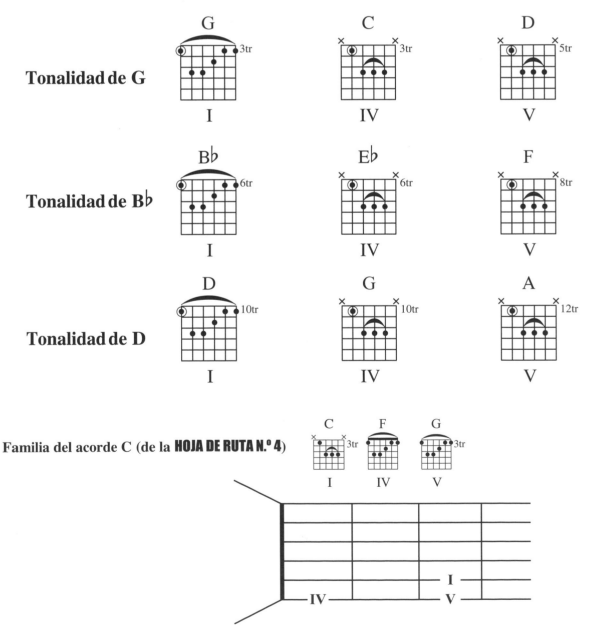

Familia del acorde C (de la HOJA DE RUTA N.º 4)

— Esta familia del acorde C tiene la fundamental en la 5.º cuerda.

— Cuando el acorde I tiene la fundamental en la 5.º cuerda, la fundamental del acorde V siempre está en el mismo traste/6.º cuerda.

— La fundamental del acorde IV siempre está dos trastes abajo de la fundamental del acorde V. Por ejemplo:

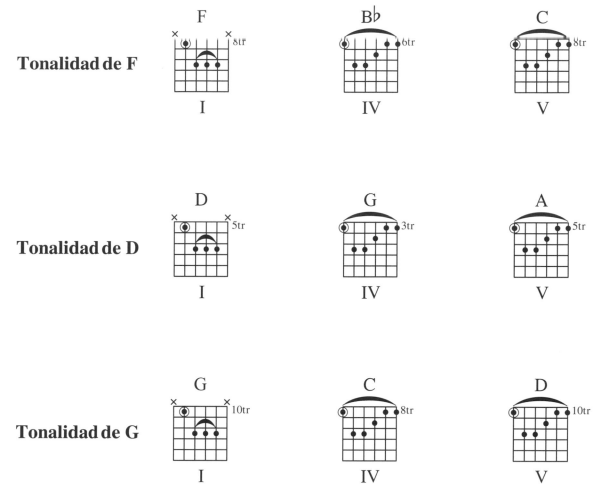

Tonalidad de F

Tonalidad de D

Tonalidad de G

¡HAZLO! **Toca varias familias de acordes de dos maneras:** primero con un acorde I con la fundamental en la 6.º cuerda y luego con un acorde I con la fundamental en la 5.º cuerda. He aquí dos ejemplos:

Tonalidad de E♭

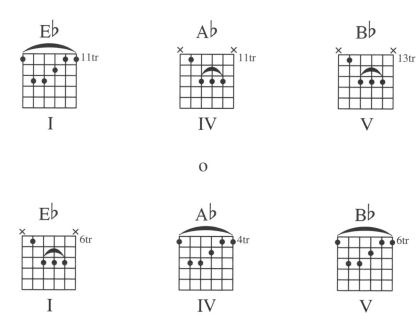

o

Tonalidad de A

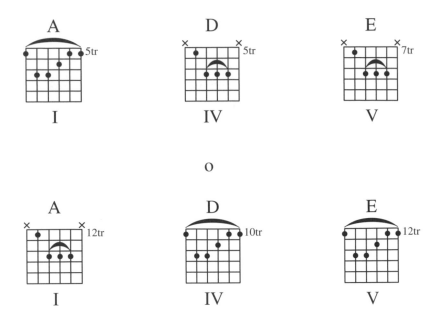

o

Toca varias progresiones comunes I–IV–I–V en diferentes tonalidades con un acorde I con la fundamental en la 6.º cuerda y con un acorde I con la fundamental en la 5.º cuerda. Por ejemplo, esta es la secuencia de acordes de "Louie Louie" de rock básico:

$$\|{:} \quad \text{I} \quad \text{IV} \quad \Big| \quad \text{V} \quad \text{IV} \quad {:}\|$$

Las barras de repetición $\|{:} \quad {:}\|$ te indican que debes repetir los dos compases de música (o cualquier música que esté comprendida entre ellas).

— Rasguea el patrón una y otra vez en diferentes tonalidades, por ejemplo:

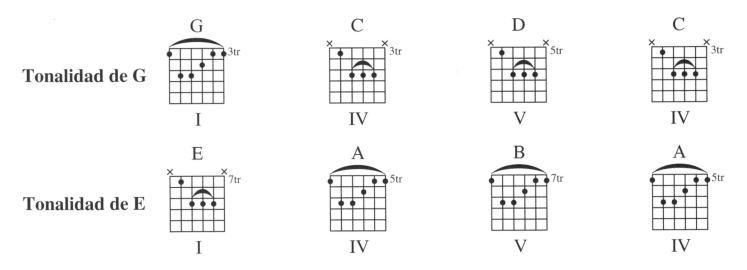

Toca la misma "canción" utilizando la otra familia del acorde G (con un acorde I con la fundamental en la 5.º cuerda) y la otra familia del acorde E (con un acorde I con la fundamental en la 6.º cuerda).

Blues de 12 barras: Esta progresión tan importante es la base de muchas canciones de rock, blues, country, folk y jazz:

$$\|{:} \quad \text{I} \ \Big| \ \text{/.} \ \Big| \ \text{/.} \ \Big| \ \text{/.} \ \Big| \ \text{IV} \ \Big| \ \text{/.} \ \Big| \ \text{I} \ \Big| \ \text{/.} \ \Big| \ \text{V} \ \Big| \ \text{/.} \ \Big| \ \text{I} \ \Big| \ \text{/.} \ {:}\|$$

/. = repite el compás
anterior

PISTA 6

— Tócala en diferentes tonalidades utilizando acordes I con la fundamental en la 5.º y 6.º cuerdas. Aquí está en G, con un acorde I con la fundamental en la 6.º cuerda.

G				C		G		D		G	
I				IV		I		V		I	

— Mientras rasgueas el blues de 12 barras en diferentes tonalidades, canta o tararea estas canciones conocidas: "Kansas City", "Route 66", "Hound Dog", "Johnny B. Goode", "Blue Suede Shoes", "The Seventh Son", "Whole Lotta Shakin' Going On", "Rock Around the Clock" y "Stormy Monday".

Lick de Boogie-Woogie: Este lick de acompañamiento que es tan fundamental para el blues y el rock está basado en los dos acordes móviles de la **HOJA DE RUTA N.º 3** y las familias de acordes de la **HOJA DE RUTA N.º 4**. Los acordes con cejilla se abrevian en formaciones de dos y tres notas y el dedo meñique de la mano que está sobre el diapasón le agrega notas extras variables (que no se tocan en todos los rasgueos):

PISTA 7

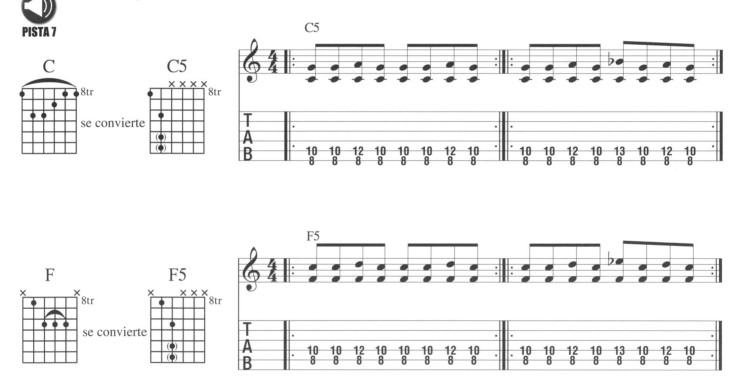

Los acordes abreviados tienen un "5" en sus nombres (C5, F5) porque consisten en una fundamental y una quinta, pero no tienen tercera. Esto los hace diferentes de la mayoría de los acordes mayores. (Consulte la **HOJA DE RUTA N.º 3** para la composición de acordes mayores).

Utiliza el lick de Boogie-Woogie como acompañamiento del blues de 12 barras. Rasguea y tararea "Kansas City", "Route 66" y el resto de las canciones blues de 12 barras que tocaste antes, pero utiliza acordes abreviados y añade el lick de boogie-woogie. Hazlo en diferentes tonalidades, primero con un acorde I con la fundamental en la 6.º cuerda y luego con un acorde I con la fundamental en la 5.º cuerda.

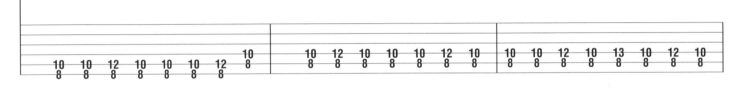

Este es un ejemplo de una parte de un acompañamiento de boogie-woogie para un rock/blues de 12 barras en tonalidad de C. Este estilo de acompañamiento todavía se utiliza en el rock, blues y country.

PISTA 8

Rock moderado

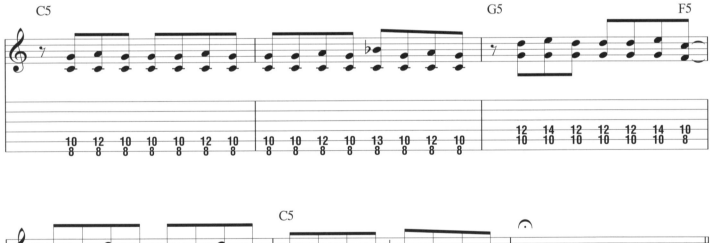

Muchas canciones de rock utilizan los acordes ♭**III y** ♭**VII** además de los I, IV y V. Puedes ubicar fácilmente los acordes III ♭**III** y ♭**VII** si los relacionas con el I:

— El acorde ♭III está tres trastes *arriba* del acorde I.

— El acorde ♭VII está dos trastes *abajo* del acorde I.

Los diagramas del diapasón que se muestran a continuación ilustran estas relaciones de fundamentales:

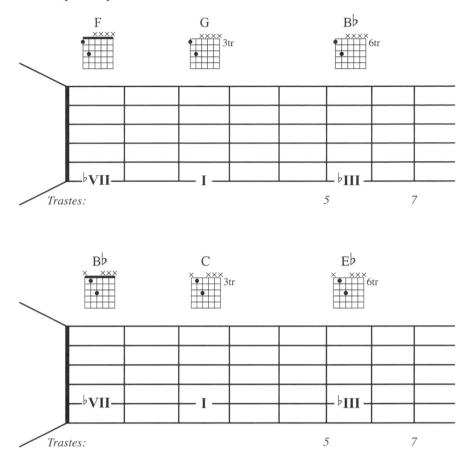

Estas son algunas progresiones de rock típicas que incluyen ♭III y ♭VII. Cada una está escrita con fundamentales/números romanos y con gráficos de acordes en tonalidad de C. Tócalas en varias tonalidades.

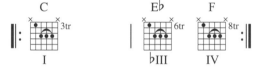

... como en "Purple Haze", "After Midnight", "Bang a Gong" y "Born to Be Wild".

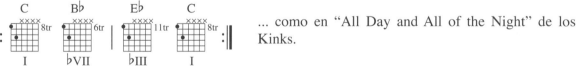

... como en "All Day and All of the Night" de los Kinks.

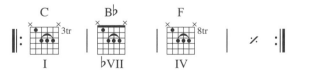

... como en "Sweet Home Alabama" (Lynyrd Skynyrd) y "Takin' Care of Business" (Bachman-Turner Overdrive).

Otras canciones de rock compuestas por los acordes I, IV y V más los acordes ♭III y ♭VII incluyen: "Bad Medicine" (Bon Jovi), "Dude Looks Like a Lady" (Aerosmith), "Hot Blooded" (Foreigner), "I Want Action" (Poison) y "Once Bitten Twice Shy" (Great White).

Sin importa la tonalidad en la que estés, ir de I a IV o de V a I tiene un sonido característico. Una vez que entrenes el oído para reconocer el sonido del acorde I moviéndose al acorde IV o V, será mucho más fácil escuchar, comprender y tocar canciones en cualquier tonalidad.

Tocar una canción familiar en diferentes tonalidades te ayuda a aprender a *escuchar* los cambios de acordes en términos de intervalos. Inténtalo con una canción de folk simple de tres acordes como "Midnight Special". Cuando comiences a tocar los acordes de primera posición que se indican a continuación, ten en cuenta que irás al acorde V o al acorde IV y escucha el sonido de cada cambio de acorde.

PISTA 10

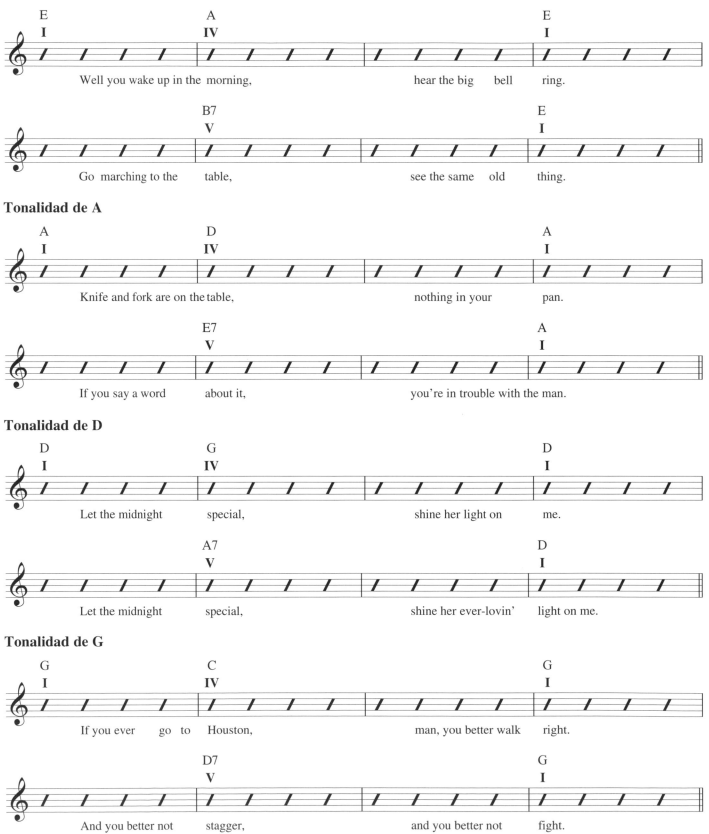

Tonalidad de E

E — I — Well you wake up in the morning,
A — IV — hear the big bell ring.
E — I
B7 — V — Go marching to the table,
E — I — see the same old thing.

Tonalidad de A

A — I — Knife and fork are on the table,
D — IV — nothing in your pan.
A — I
E7 — V — If you say a word about it,
A — I — you're in trouble with the man.

Tonalidad de D

D — I — Let the midnight special,
G — IV — shine her light on me.
D — I
A7 — V — Let the midnight special,
D — I — shine her ever-lovin' light on me.

Tonalidad de G

G — I — If you ever go to Houston,
C — IV — man, you better walk right.
G — I
D7 — V — And you better not stagger,
G — I — and you better not fight.

Tonalidad de C

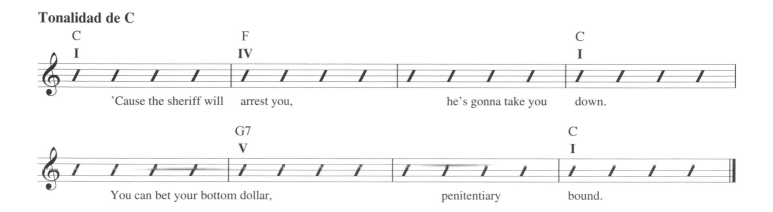

C	F		C
I	IV		I

'Cause the sheriff will arrest you, he's gonna take you down.

	G7		C
	V		I

You can bet your bottom dollar, penitentiary bound.

EN RESUMEN: AHORA SABES...

1. Las dos formas diferentes de tocar la familia de acordes I–IV–V en cualquier tonalidad: con un acorde I con la fundamental en la 6.° cuerda y con un acorde I con la fundamental en la 5.° cuerda.

2. Cómo tocar el blues de 12 barras y la progresión de "Louie Louie" en cualquier tonalidad y de dos formas.

3. Cómo tocar el lick de boogie woogie para rock/blues en cualquier tonalidad.

4. Cómo encontrar los acordes ♭III y ♭VII y utilizarlos en progresiones de rock (en cualquier tonalidad).

5. El significado de estos términos musicales:
    a) Acorde I
    b) Acorde IV
    c) Acorde V
    d) Acorde ♭III
    e) Acorde ♭VII
    f) Familia de acordes
    g) Blues de 12 barras
    h) Acompañamiento de Boogie-Woogie

LA HOJA DE RUTA D-A-F

Acordes D

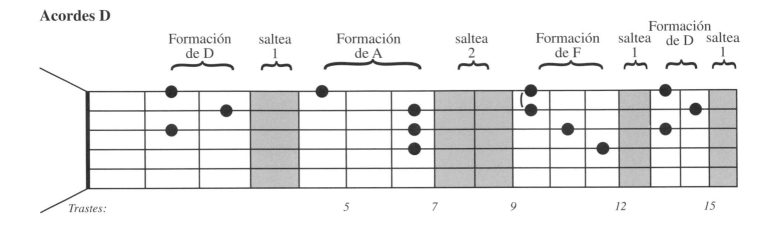

| Formación de D | saltea 1 | Formación de A | saltea 2 | Formación de F | saltea 1 | Formación de D | saltea 1 |

Trastes: 5   7   9   12   15

¿POR QUÉ?

La **HOJA DE RUTA D-A-F** te muestra cómo tocar cualquier acorde mayor en cualquier lugar del diapasón con las **formaciones de tres acordes mayores.** Es muy útil cuando una canción se queda en el mismo acorde durante varios compases, porque te permite "trepar el diapasón" automáticamente y tocar licks que ascienden y descienden con rapidez, además de *arpegios.**

¿CÓMO? Los acordes que se muestran en la **HOJA DE RUTA N.º 5** arriba son todos acordes D.

Estas son las tres formas de los acordes mayores que se utilizan en esta hoja de ruta. Como se tocan en las primeras tres o cuatro cuerdas, a veces se los llama "acordes". La fundamental de cada uno está marcada con un círculo:

Formación de D

(4) 1 3 2

Formación de A

5tr

2 3 4 1

Formación de F

10tr

3 2 1 1

El (4) en la formación de D (4.º cuerda/4.º dedo) está entre paréntesis porque es una nota opcional. Las primeras tres cuerdas que están solas también componen un acorde mayor.

La formación de A es una variación del acorde mayor básico de primera posición A:

*Tocar un *arpegio* significa tocar cada nota de un acorde por separado en sucesión, de manera ascendente o descendente, como al tocar un arpa:

¿CÓMO?

Aquí se muestra cómo utilizar la **HOJA DE RUTA D–A–F** para tocar todos los acordes D:

— Toca la primera posición del acorde D, como se muestra en el diagrama principal de la **HOJA DE RUTA N.º 5**.

— Saltea un traste (el 4.º traste, que está sombreado) y toca la forma A. Sigues tocando un acorde D, pero con una digitación diferente.

— Saltea dos trastes (los trastes sombreados) y toca la forma F. Este es el siguiente acorde D más agudo.

— Saltea un traste y vuelve a tocar la forma del acorde D. Es un acorde D aún más agudo, una octava más agudo que tu punto de partida.

— Sigue el proceso (saltea un traste y toca la forma del acorde A; saltea dos trastes y toca la forma del acorde F) hasta que te quedes sin trastes.

Para memorizar esta hoja de ruta, recuerda: D–SALTEA 1, A–SALTEA 2, F–SALTEA 1.

Utiliza la HOJA DE RUTA D–A–F para tocar todos los acordes F:

Acordes F

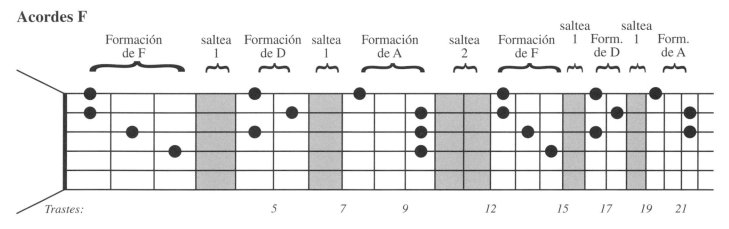

Ten en cuenta que puedes trepar el diapasón *comenzando por cualquier formación de acordes.* La **HOJA DE RUTA D–A–F** es un bucle continuo al que puedes entrar en cualquier punto. Puede ser la **HOJA DE RUTA A–F–D** o la **HOJA DE RUTA F–D–A**. Los "saltos" son siempre los mismos: un salto después de D, dos después de A y uno después de F.

Para poner énfasis en ese punto, aquí están todos los acordes C, comenzando por la formación de A/acorde C. Ahora, la hoja de ruta es **A–F–D**.

Acordes C

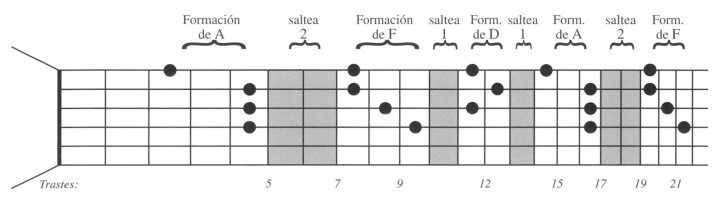

¡HAZLO! Estas son algunas aplicaciones prácticas de la **HOJA DE RUTA D–A–F**. Para aprender el diagrama, di o piensa "D–saltea 1, A–saltea 2, F–saltea 1" mientras tocas los acordes ascendentes. Nombra las formaciones mientras las tocas.

Toca cada ejercicio en diferentes tonalidades e inventa patrones similares. Tu oído te indicará si estás utilizando la hoja de ruta correctamente, porque hen cualquier ejercicio todas las formas de los acordes ascendentes o descendentes deben sonar como el *mismo acorde*.

Puedes modificar ligeramente los acordes D, A y F mayores para crear muchos acordes diferentes. El gráfico que se muestra a continuación muestra notas que son adyacentes a cada uno de los tres acordes (los números indican intervalos). Se pueden crear innumerables licks si se añaden estas notas a arpegios o si se las martilla o se pulsa de ellas.*

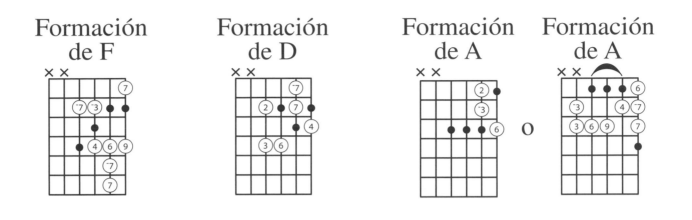

Las variaciones de estos acordes son la base de un estilo de guitarra principal utilizado por intérpretes de rock, country y R&B.

*Para hacer un *ligado ascendente* en una nota, toca la nota debajo de ella y "martilla" la nota con otro dedo. Para hacer un *ligado descendente*, invierte el proceso: toca la nota más aguda y saca tu dedo para que suene la nota más grave.

Los siguientes ejemplos son todos licks en tonalidad de G. Hacen uso de los tres acordes y sus variaciones.

PISTA 13

Licks de formación de F

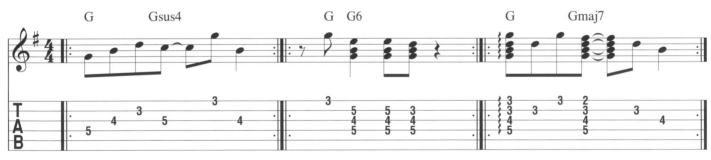

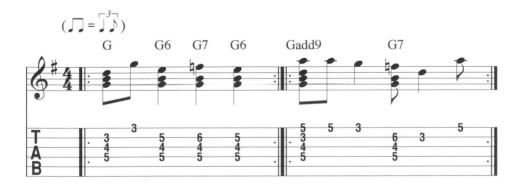

Licks de formación de D

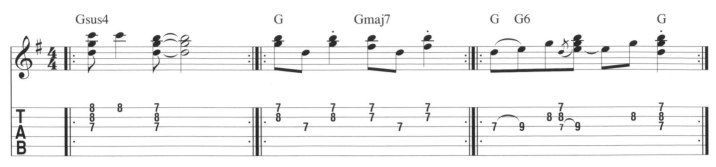

Licks de formación de A

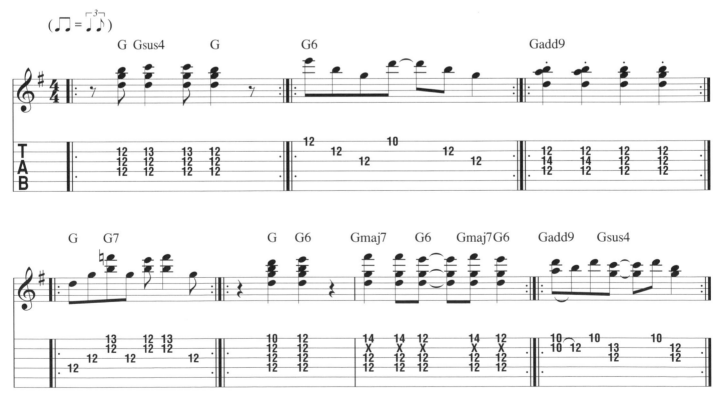

Todas estas variaciones pueden hacer tus licks D-A-F ascendentes y descendentes más interesantes. Este es un ejemplo con el acorde G ascendente:

Rock/funk moderado

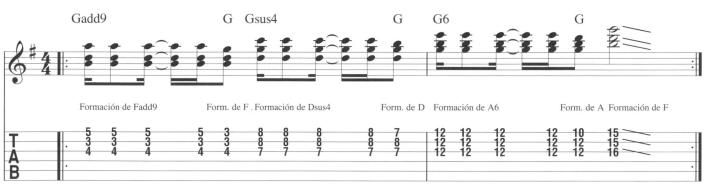

Las tres formas de los acordes mayores pueden modificarse levemente para crear acordes menores y de 7.º:

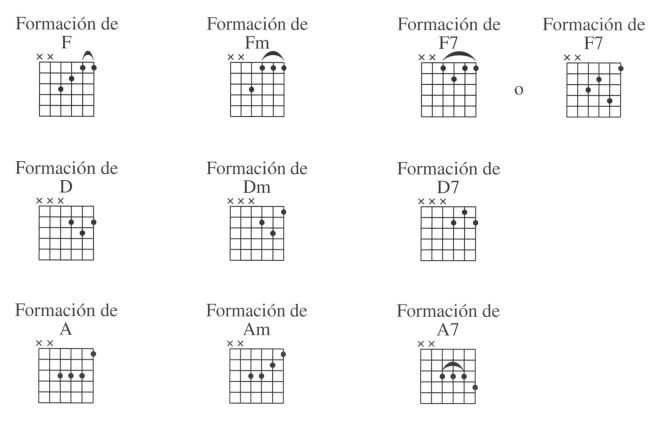

Formación de F

Formación de Fm

Formación de F7

Formación de F7

o

Formación de D

Formación de Dm

Formación de D7

Formación de A

Formación de Am

Formación de A7

Estas son las versiones de los acordes menores y séptimas de la HOJA DE RUTA D–A–F:

Acordes Dm

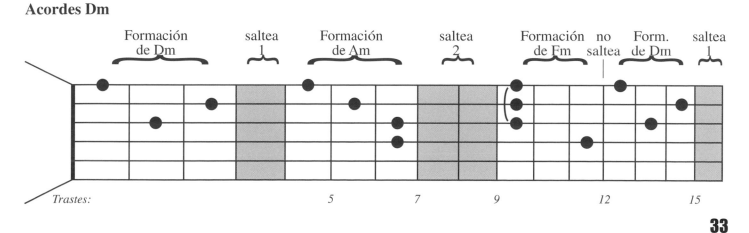

33

Acordes D7

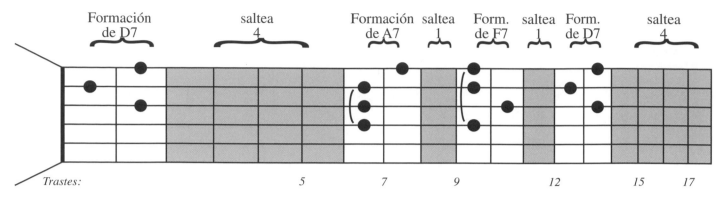

EN RESUMEN: AHORA SABES...

1. Cómo tocar tres acordes mayores.

2. Cómo utilizarlos para tocar cualquier acorde mayor en todo el diapasón (con la **HOJA DE RUTA D–A–F**).

3. Cómo modificarlos para tocar muchos licks.

4. Cómo tocar licks que se quedan en un acorde, pero se mueven en el diapasón con y sin las 6.º, las 7.º y otras variaciones.

5. Cómo modificar los tres acordes mayores para transformarlos en acordes menores y séptimas.

6. El significado de estos términos musicales:
   a) Arpegio
   b) Ligado ascendente
   c) Ligado descendente

ACORDES/
FAMILIAS DE ACORDES

Tres familias de acordes B♭:

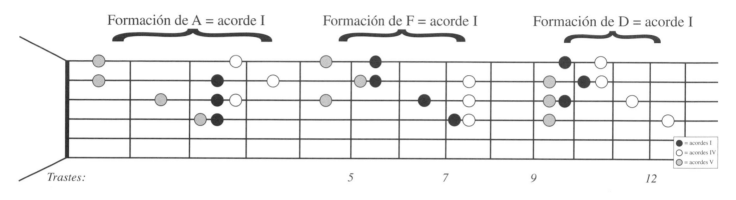

Formación de A = acorde I

Formación de F = acorde I

Formación de D = acorde I

Trastes: 5   7   9   12

● = acordes I
○ = acordes IV
◐ = acordes V

¿POR QUÉ? Esta tabla agrupa los tres acordes de la **HOJA DE RUTA N.º 5** en familias de acordes para ayudarte a tocar acordes y licks basados en acordes en todo el diapasón y en *cualquier tonalidad*. Puedes moverte automáticamente de I a IV a V en tres lugares diferentes de la guitarra (por tonalidad) usando los mismos acordes de tres o cuatro notas de la **HOJA DE RUTA N.º 5**.

¿QUÉ? **Puedes tocar al menos tres familias de acordes por tonalidad:**

— Una familia de acordes con un acorde I con formación de F:

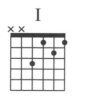

I   IV   V

— Una familia de acordes con un acorde I con formación de D:

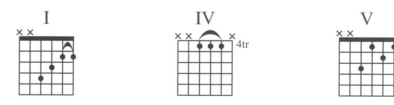

I   IV   V

— Una familia de acordes con un acorde I con formación de A:

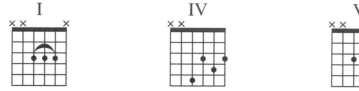

I   IV   V

La formación de A puede verse así:

o así (haciendo una cejilla con el dedo índice):

Las relaciones de trastes entre cada familia de acordes es *fija*. Esto quiere decir que si tocas un acorde I con formación de F, el acorde V es la formación de D un traste más abajo en cualquier

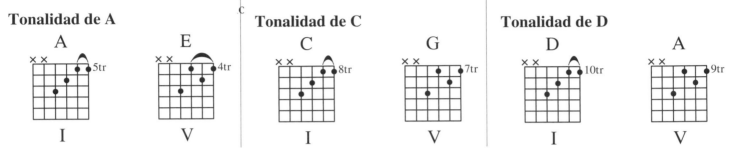

Tonalidad de A

A   E

I   V

Tonalidad de C

C   G

I   V

Tonalidad de D

D   A

I   V

Puedes ubicar las tres familias de acordes para cualquier tonalidad si ubicas la fundamental de los acordes I en los lugares apropiados:

Acordes I en tonalidad de F (fundamentales en un círculo)

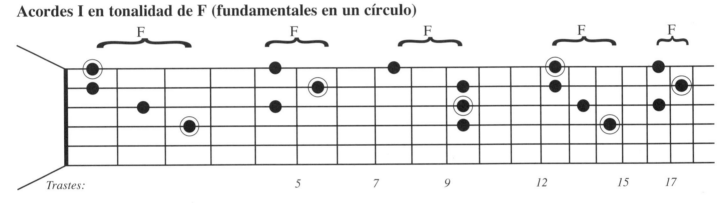

Podrás encontrar estos acordes I "automáticamente" una vez que hayas memorizado la **HOJA DE RUTA D–A–F (N.º 5)**.

Puedes tocar licks de acompañamiento y solos arpegiando los acordes (consulta la sección **¡HAZLO!** a continuación).

¿CÓMO? **Aprende las relaciones de los tres acordes/familias de acordes** y podrás hacer cambios de acordes rápidos automáticamente. Por ejemplo, si estás tocando un *acorde I* con una formación de F, el *acorde IV* es la formación de A en los mismos tres trastes.

¡HAZLO! **Estos son algunos licks de acordes/familias de acordes típicos. Te permitirán practicar un poco para memorizar las relaciones de las familias de acordes.** Todos están en la tonalidad de G y tienen una progresión de acordes I–IV–V (G–C–D). En varios de ellos rasguearás los acordes y en algunos tocarás arpegios. Toca cada patrón de dos o cuatro compases una y otra vez:

Rock moderado (rasgueo)

PISTA 17

Funk moderado

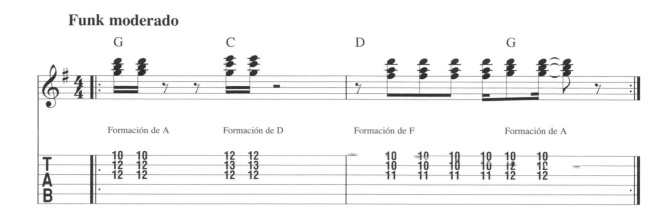

Vals moderado (arpegio)

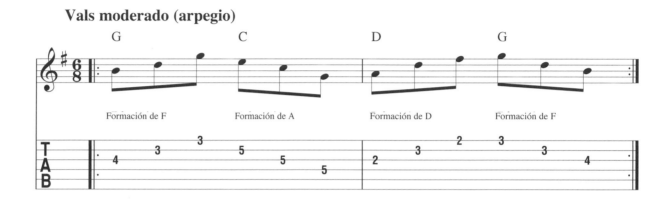

Balada de rock moderado de la década del 50

Balada de rock moderado

Los siguientes licks de acordes/familias de acordes están en tonalidad de C y tienen progresiones de acordes I–IV–V (C–F–G). Utilizan las variaciones de acordes (acordes de 7.º, acordes suspendidos, etc.), y también los acordes estándares F, D y A.

El acorde IV dos trastes más arriba = el acorde V, de modo que puedes aumentar los tres acordes/familias de acordes. Ahora tienes dos acordes V entre los cuales elegir:

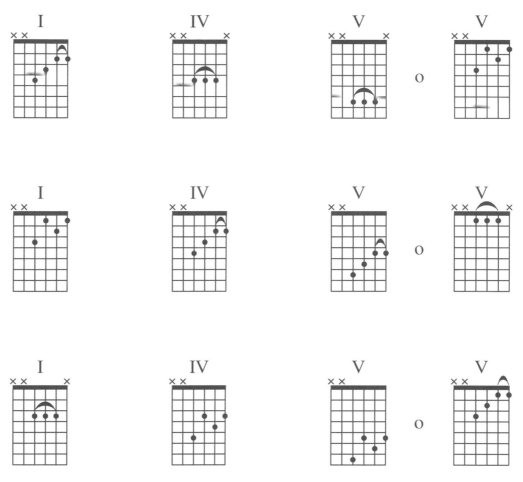

Toca estas breves frases I-IV-V. Utilizan el acorde V, que es un acorde IV, pero dos trastes más arriba:

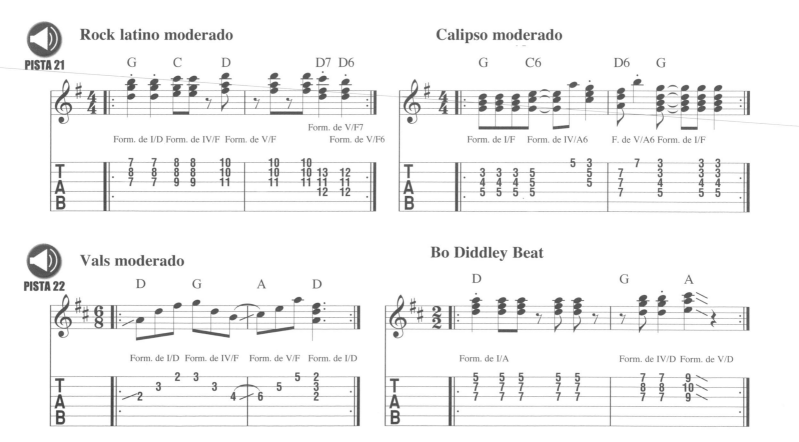

También sucede lo contrario: el acorde V dos trastes más abajo = el acorde IV. Entonces tienes dos acordes IV entre los cuales elegir en cada acordes/familia de acordes. Por ejemplo:

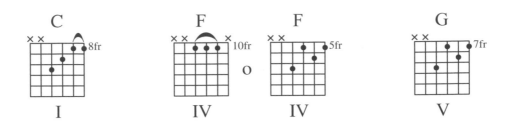

Estas son algunas frases I-IV-V que ilustran esta relación de acordes.

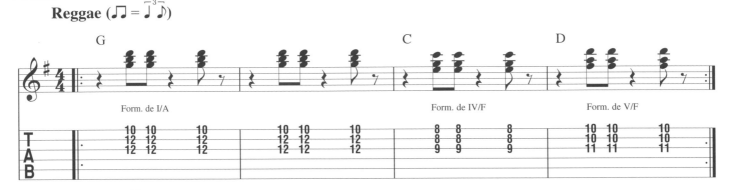

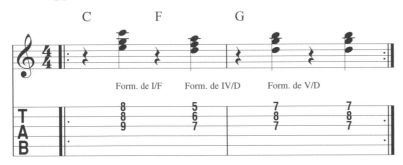

EN RESUMEN: AHORA SABES...

1. Cómo ubicar tres familias de acordes diferentes para cualquier tonalidad utilizando acordes.

2. Cómo tocar diversos licks, patrones de rasgueo y arpegios utilizando los tres acordes/ familias de acordes con o sin variaciones de acordes.

3. Cómo expandir las tres familias de acordes para incluir un acorde IV o V alternativo.

PROGRESIONES BASADAS EN EL CÍRCULO DE QUINTAS

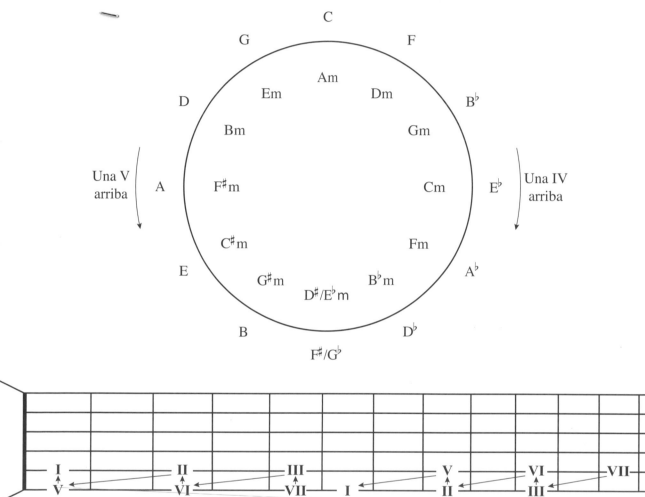

¿POR QUÉ?

La comprensión del círculo de quintas, combinado con este diagrama de patrones de fundamental, hace más fácil tocar muchas progresiones de acordes de uso frecuente de manera automática y en cualquier tonalidad.

¿QUÉ?

El círculo de quintas (también llamado "círculo de cuartas") agrupa las doce notas musicales, de manera que **un paso en sentido antihorario te lleva una quinta más arriba y un paso en sentido horario te lleva una cuarta más arriba.**

— **Sentido antihorario:** G está una quinta arriba de C, B una quinta arriba de E, etc.

— **Sentido horario:** F está una cuarta arriba de C, B♭ está una cuarta arriba de F, etc.

— **Esta disposición permite visualizar las familias de acordes:** Si C es tu acorde I, F (IV) le sigue hacia la derecha y G (V) le sigue hacia la izquierda. Los siguientes acordes son D (II) y B♭ (♭VII), los dos acordes con más probabilidades de aparecer en la tonalidad de C, salvo por las menores relativas.

Los *menores relativos* **están dentro del círculo** (por ejemplo, Am es el menor relativo de C). El acorde menor relativo es una 3.º menor (tres trastes), debajo de su mayor relativo. Los dos acordes contienen en su mayoría las mismas notas y están estrechamente relacionados (la escala menor de A contiene las mismas notas que la escala mayor de C).

Si los acordes I, IV y V componen la familia inmediata, sus menores relativos son la familia más extensa. Se usan a menudo en las progresiones de acordes comunes. De este modo, en la tonalidad de C: C (I), F (IV) y G (V) son una familia inmediata, y la familia más extensa la componen Am (menor relativo de C), Dm (relativo de F) y Em (relativo de G).

Transporte: *Transportar* significa cambiarle la tonalidad a una canción. El diagrama de círculos es una herramienta útil que te puede ayudar a transportar. Por ejemplo, si encuentras una canción en un cancionero escrita en E♭ o D♭, puedes cambiarla a una tonalidad que resulte más fácil para la guitarra (C, G, D, A o E) si miras la distancia en el círculo entre la tonalidad que allí figura y la tonalidad que tu deseas. C está a tres pasos en sentido antihorario de E♭ en el círculo; entonces, para transportar E♭ a C, tienes que mover cada acorde de la canción tres pasos en sentido antihorario. A♭ se convierte en F, Cm se convierte en Am, B♭ se convierte en G, etc. Esto es muy útil cuando acompañas a un cantante, porque generalmente es necesario cambiar las tonalidades en función del registro del vocalista.

¿CÓMO? **Progresiones basadas en el círculo de quintas:** Miles de canciones de todos los géneros (rock, jazz, country, blues, etc.) están basadas en el movimiento del círculo de quintas. **En las progresiones basadas en el círculo de quintas, partes del acorde I (creando tensión) y regresas al acorde I (resolviendo la tensión) en un movimiento en sentido horario,** subiendo así por las 4.º hasta llegar a "casa" en el acorde I. Por ejemplo, en la siguiente progresión de la tonalidad de C, vas de C a A7 (dejas la familia de acordes de C) y luego regresas a C yendo en sentido horario alrededor del círculo: D7 está una 4.º arriba de A, G7 está una 4.º arriba de D7 y C está una cuarta arriba de G7.

PISTA 24

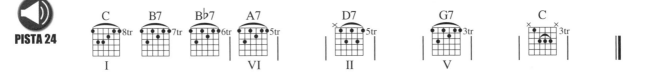

Muchas canciones tienen esta progresión **VI–II–V–I** (o **I–VI–II–V**), incluso "Up a Lazy River", "Sweet Georgia Brown", "Salty Dog" y "Alice's Restaurant". El "descenso" de I a IV con el que comienzan todas estas canciones es una señal de que estás a punto de escuchar una progresión VI–II–V–I.

A medida que te mueves en sentido horario, los acordes pueden ser mayores o menores, pero el acorde V casi siempre es una 7.º. En otra progresión muy común basada en el círculo de quintas, los acordes VI y II son menores (se escriben "vi" e "ii"). En la tonalidad de C:

PISTA 25

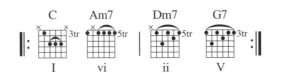

Esta progresión es tan común que los profesionales la apodaron "cambios estándares", "progresión económica", "cambios sencillos", "cambios de ritmo", etc. Es la base de un sinnúmero de clásicos de la década del treinta y del cuarenta ("Blue Moon", "Heart and Soul", "These Foolish Things", "I Got Rhythm"), canciones de rock clásico de la década del cincuenta y del sesenta ("Oh Donna", "You Send Me", "Stand by Me", "Sincerely", "Be My Baby") y canciones de pop y rock más recientes ("Every Time You Go Away", "Every Breath You Take", "[Everybody Has a] Hungry Heart").

En muchas progresiones I–vi–ii–V, a ii se lo sustituye por IV, lo que cambia la progresión a I–vi–IV–V o, en tonalidad de C: C–Am–F–G7. Es un cambio sutil, porque IV e ii son acordes muy similares; ii es el menor relativo de IV (por ejemplo, en la tonalidad de C, Dm es el menor relativo de F).

C (I) – Am (vi) – F (IV) – G7 (V)

ii–V–I es la base de muchas canciones y también es un "turnaround" (una frase de dos o tres compases al final de un verso o coro, que introduce un repetición del verso o coro). "Satin Doll", "El Paso", "My Sweet Lord" y "Honeysuckle Rose" están basados en ii–V–I.

Las progresiones III–VI–II–V–I van un paso más atrás en el círculo:

E7 (III) – A7 (VI) – D7 (II) – G7 (V) – C (I)

Este es el famoso puente de "I Got Rhythm", que se puede escuchar como puente en muchas canciones. También es la base para muchos clásicos como "All of Me" y "Please Don't Talk About Me When I'm Gone". A veces, III, VI o II pueden ser menores.

Los ciclos VII–III–VI–II–V–I retroceden aún más, al acorde VII:

B7 (VII) – E7 (III) – A7 (VI) – D7 (II) – G7 (V) – C (I)

"Mister Sandman" y "Red Roses for a Blue Lady" son dos ejemplos de ello.

El movimiento del círculo de quintas en el diapasón sigue un patrón en zigzag:

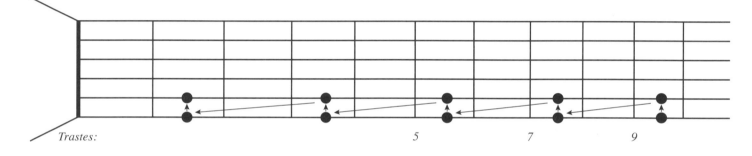

Trastes: 5 7 9

— Comienza con una nota fundamental en la 6.º cuerda y sube una cuerda hasta la 5.º cuerda/mismo traste (por ejemplo, de C, 6.º cuerda/8.º traste a F, 5.º cuerda/8.º traste) para subir una cuarta (un paso en sentido horario en el círculo).

— Comienza con una nota fundamental en la 5.º cuerda y baja una cuerda hasta la 6.º cuerda/dos trastes más abajo (por ejemplo, de F, 5.º cuerda/8.º traste a B♭, 6.º cuerda/6.º traste) para llegar a la fundamental del acorde IV (un paso en sentido horario en el círculo).

— De este modo, tocas progresiones basadas en el círculo de quintas cuando sigues el gráfico en zigzag de arriba y le asignas acordes a cada nota fundamental. Por ejemplo, podrías tocar una progresión VII–III–VI–II–V–I en D♭ como esta, comenzando en el acorde VII:

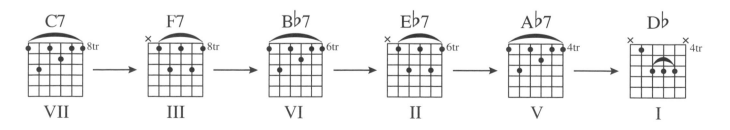

C7   F7   B♭7   E♭7   A♭7   D♭
VII   III   VI   II   V   I

O con algunos acordes menores:

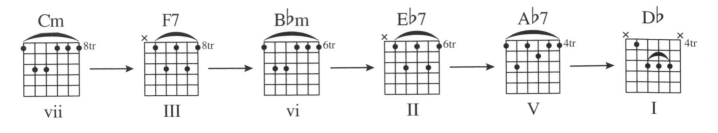

Cm   F7   B♭m   E♭7   A♭7   D♭

vii   III   vi   II   V   I

¡HAZLO! Así como los patrones de fundamental I–IV–V de la **HOJA DE RUTA N.º 4** te ayudaron a ubicar familias de acordes automáticamente, la **HOJA DE RUTA N.º 7** te ayuda a tocar el movimiento del círculo de quintas. En ambos diagramas, tocas acordes según las notas fundamentales que se muestran en el diapasón.

— ii–V–I: Toca estas frases ii–V–I en tonalidad de B♭. Tienen un acorde I con la fundamental en la 5.º cuerda:

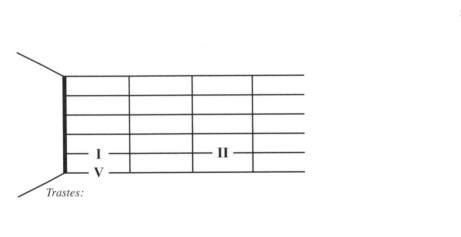

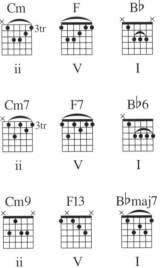

— Estas frases ii–V– I en B♭ tienen un acorde I con la fundamental en la 6.º cuerda:

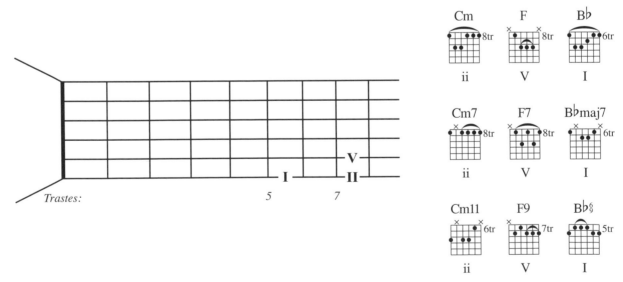

La nota más grave en cada uno de los acordes de arriba es su fundamental, y todas las progresiones ii–V–I de arriba siguen los patrones de la fundamental de diapasón en zigzag de la **HOJA DE RUTA N.º 7**. Para obtener más información sobre las formaciones de acordes, consulta la **HOJA DE RUTA N.º 8**.

Menores relativos: pueden encontrarse automáticamente. Consulta la **HOJA DE RUTA N.º 7** y verás estos patrones de fundamental:

Acorde I con la fundamental en la 6.º cuerda; tonalidad de A

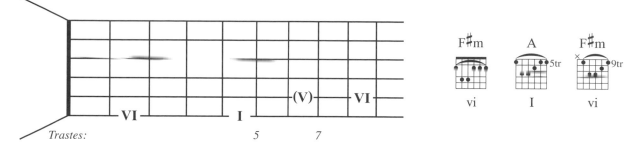

Acorde I con la fundamental en la 5.º cuerda; tonalidad de D

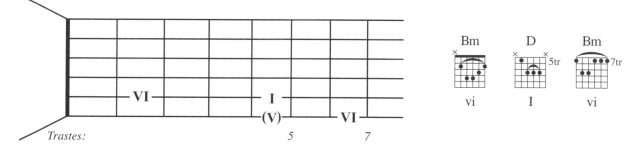

Tal como indican los gráficos de los patrones de la fundamental del diapasón, hay dos formas de encontrar el menor relativo. Ambas formas funcionan para un acorde I con la fundamental en la 6.º cuerda y para un acorde I con la fundamental en la 5.º cuerda:

— Toca un acorde menor cuya fundamental esté tres trastes más abajo que la fundamental del acorde I.

— Toca un acorde menor cuya fundamental esté dos trastes más arriba que la fundamental del acorde V (vi está dos trastes arriba de V).

Practica buscar relativos menores. Toca acordes mayores al azar con fundamentales en la 5.º y 6.º cuerdas y busca dos menores relativas para cada acorde, así:

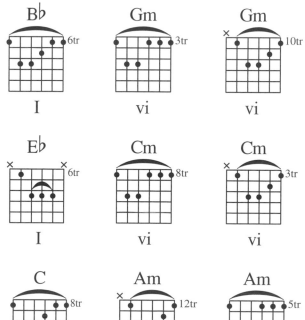

I–vi–ii–V: Para tocar esta progresión popular, tienes que saltar del acorde I al acorde vi y regresar a I haciendo zigzag. Toca estos ejemplos y canta tus favoritas de la lista de canciones de "cambios estándares" en la página 42:

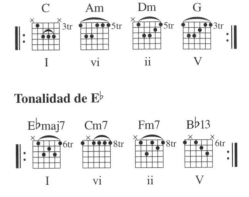

Tonalidad de C

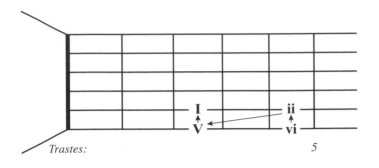

Tonalidad de E♭

Tonalidad de G

Tonalidad de B♭

III–VI–II–V–I y **VII–III–VI–II–V–I:** Haz zigzag y toca estas progresiones de ejemplo:

Acorde I con la fundamental en la 5.º cuerda; tonalidad de B♭

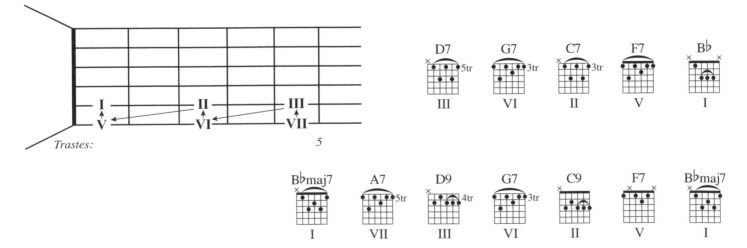

Acorde I con la fundamental en la 6.º cuerda; tonalidad de F

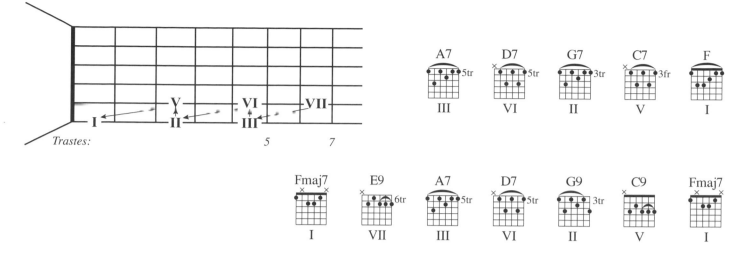

EN RESUMEN: AHORA SABES...

1. Cómo tocar varias progresiones basadas en el círculo de quintas en cualquier tonalidad utilizando el método "zigzag".

2. Cómo ubicar los acordes menores relativos en el diapasón.

3. Cómo transportar.

4. Varias progresiones de acordes estándares, incluso la de "cambios estándares" y el puente de "I Got Rhythm".

5. El significado de estos términos musicales:
   a) Círculo de quintas
   b) Menor relativo
   c) Mayor relativo
   d) Transportar

VARIACIONES DE LOS DOS ACORDES MAYORES MÓVILES

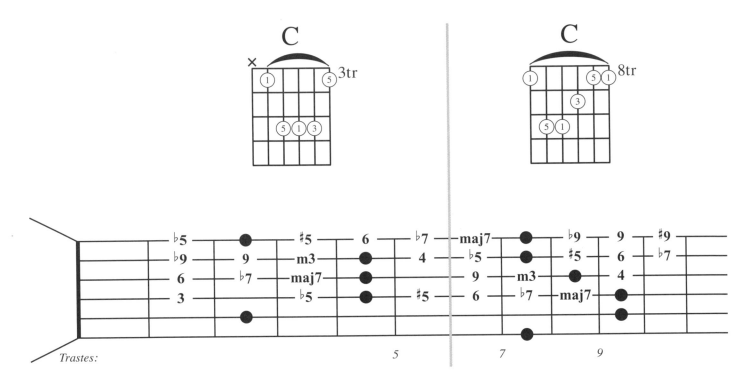

 ¿POR QUÉ? Puedes tocar decenas de acordes (novenas, séptimas menores, séptimas mayores, etc.) si modificas levemente los dos acordes móviles básicos de la **HOJA DE RUTA N. 3** (por ejemplo, puedes tocar un traste más abajo en una cuerda para convertir un acorde mayor en menor). Esta es una forma fácil de ampliar tu vocabulario de acordes.

¿QUÉ? **Los dos acordes mayores móviles (y todos los acordes mayores) están formados por fundamental, 3.º y 5.º.** Asegúrate de conocer los intervalos de estas dos formaciones. Los gráficos de acordes que se muestran arriba de la **HOJA DE RUTA N. 8** identifican los intervalos (por ejemplo, las cuerdas 5.º y 2.º en la formación de E con cejilla son 5.º).

Puedes relacionar otros intervalos (4.º, 7.º, etc.) con 1, 3 y 5. Por ejemplo, una 4.º es un traste más aguda que una 3.º y una 6.º es dos trastes más aguda que una 5.º.

Algunos términos musicales nuevos:

— **Aumentado:** elevado en un semitono (un traste); usualmente en relación al intervalo de una 5.º en un acorde.

— **Disminuido:** reducido en un semitono (un traste).

— **Suspendido:** la 3.º en el acorde mayor 1-3-5 se reemplaza por una 4.º.

48

¿CÓMO? Para saber *cómo* modificar los dos acordes mayores móviles con el fin de crear otros tipos de acordes, debes conocer las fórmulas de los distintos tipos. La mayoría de estas fórmulas se encuentran en los casilleros a continuación.

— A veces, los cifrados de los acordes en los cancioneros y fake books son muy fáciles de entender. Por ejemplo, G sexta se escribe G6 y G novena se escribe G9. Otros símbolos pueden resultarte extraños o confusos. En los casilleros a continuación, cada fórmula de acordes va seguida de un cifrado del acorde "G" (G7, G9, etc.) para mostrar cómo se escribe comúnmente el tipo de acorde.

ACORDES MAYORES:

Mayor = 1, 3, 5 (G)
Sexta = 1, 3, 5, 6 (G6)
Séptima mayor = 1, 3, 5, 7 (Gmaj7, GM7, G△7, G△)
Novena mayor = 1, 3, 5, 7, 9 (Gmaj9, GM9, G△9)
Novena agregada= 1, 3, 5, 9 (Gadd9)
Seis/nueve = 1, 3, 5, 6, 9 (G$^6_9$, G6/9)
Suspendida = 1, 4, 5 (Gsus, Gsus4)
Aumentado = 1, 3, $\sharp$5 (G+)

ACORDES MENORES:

Menor = 1, $\flat$3, 5 (Gm, G-)
Sexta menor = 1, $\flat$3, 5, 6 (Gm6, G-6)
Séptima menor = 1, $\flat$3, 5, $\flat$7 (Gm7, G-7)
Novena menor = 1, $\flat$3, 5, $\flat$7, 9 (Gm9)
Seis/nueve menor = 1, $\flat$3, 5, 6, 9 (Gm$^6_9$, Gm6/9)
Séptima menor/quinta bemol = 1, $\flat$3, $\flat$5, $\flat$7 (Gm7$\flat$5, G$^\varnothing$) (G$^\varnothing$ se lee "G semidisminuido")
Decimoprimera disminuida = 1, $\flat$3, 5, $\flat$7, 11 (Gm11)
Séptima menor/mayor = 1, $\flat$3, 5, 7 (Gm(maj7), Gm△7)

ACORDES CON SÉPTIMA DOMINANTE (séptimas)

Séptima = 1, 3, 5, $\flat$7 (G7)
Novena = 1, 3, 5, $\flat$7, 9 (G9)
Decimoprimera = 1, 3, 5, $\flat$7, 9 (G11)
Decimotercera = 1, 3, 5, $\flat$7, 9, 13 (G13)

Puedes añadir a estos cuatro tipos si disminuyes
o aumentas 5.° y 9.°,
añades una 4.° suspendida, etc.

Séptima/quinta bemol = 1, 3, $\flat$5, $\flat$7 (G7$\flat$5)
Séptima aumentada = 1, 3, $\sharp$5, $\flat$7 (G+7)
Séptima suspendida = 1, 4, 5, $\flat$7 (G7sus4)
Séptima/novena bemol = 1, 3, 5, $\flat$7, $\flat$9 (G7$\flat$9)
Séptima/novena sostenida = 1, 3, 5, $\flat$7, $\sharp$9 (G7$\sharp$9)
Séptima/novena bemol aumentada = 1, 3, $\sharp$5, $\flat$7, $\flat$9 (G+7$\flat$9, G7$^{\flat9}_{\sharp5}$)
Séptima/novena sostenida aumentada = 1, 3, $\sharp$5, $\flat$7, $\sharp$9 (G+7$\sharp$9, G7$^{\sharp9}_{\sharp5}$)
Novena/aumentada = 1, 3, $\sharp$5, $\flat$7, 9 (G+9, G9$\sharp$5)
Novena/quinta bemol = 1, 3, $\flat$5, $\flat$7, 9 (G9$\flat$5)
Decimoprimera aumentada = 1, 3, 5, $\flat$7, 9, $\sharp$11 (G9$\sharp$11)
Decimotercera = 1, 3, 5, $\flat$7, 9, 13 (G13)
Decimotercera/novena bemol = 1, 3, 5, $\flat$7, $\flat$9, 13 (G13$\flat$9)

DISMINUIDA = 1, $\flat$3, $\flat$5, ∞7 (∞7 = 6) (Gdim, G°)

¡HAZLO! Utiliza la **HOJA DE RUTA N.º 8 para crear un acorde con la fundamental en la 5.º y 6.º cuerdas para cada tipo de acorde.** Por ejemplo, la fórmula de un acorde menor se diferencia por una sola nota de la fórmula de un acorde mayor:

— Un acorde mayor es 1, 3 y 5; bajas un semitono la 3.º para hacer el acorde menor (1, ♭3, 5).

— Para transformar los acordes mayores con fundamentales en la 5.º y 6.º cuerdas en menores, bajas la 3.º un traste:

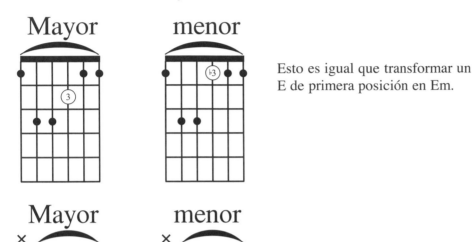

Esto es igual que transformar un E de primera posición en Em.

Esto es igual que transformar un A de primera posición en Am.

Un acorde con séptima dominante tiene la misma fórmula 1, 3 y 5 que un acorde mayor con un ♭7 agregado (1, 3, 5, ♭7).

— Saca un dedo de los dos acordes mayores móviles para añadir el ♭7:

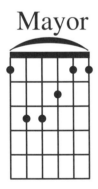 

Esto es igual que transformar un E de primera posición en E7.

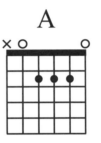

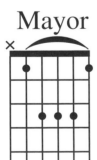 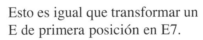 

Esto es igual que transformar un A de primera posición en A7.

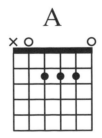 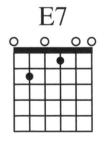

Los acordes con séptima menor tienen una tercera menor *y* una séptima menor. La fórmula es 1, ♭3, 5, ♭7.

— Para transformar los acordes mayores móviles en séptimas menores, realiza los dos cambios mencionados anteriormente: una tercera menor y una séptima menor:

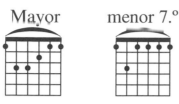

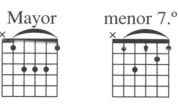

Asegúrate de saber un acorde con la fundamental en la 5.º y 6.º cuerdas para cada tipo de acorde. Toca ambas formaciones en todo el diapasón para escuchar el sonido de ese tipo de acorde. Por ejemplo, toca las dos formaciones de 7.º mayores así:

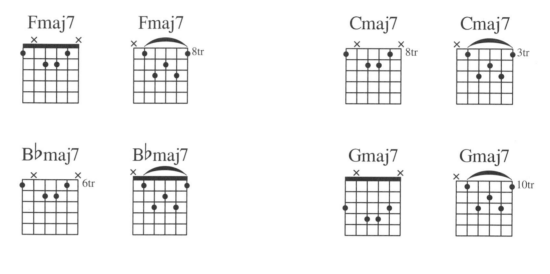

GRÁFICOS DE ACORDES DERIVADOS DE CADA TIPO DE ACORDE

Para facilitar el análisis de los intervalos, estas son las formaciones divididas en categorías: acordes mayores, menores y con séptima dominante. (M7 = 7.º mayor). Toca cada formación y analiza sus intervalos. Compara cada gráfico de acorde pequeño con el gráfico grande a su izquierda del cual deriva.

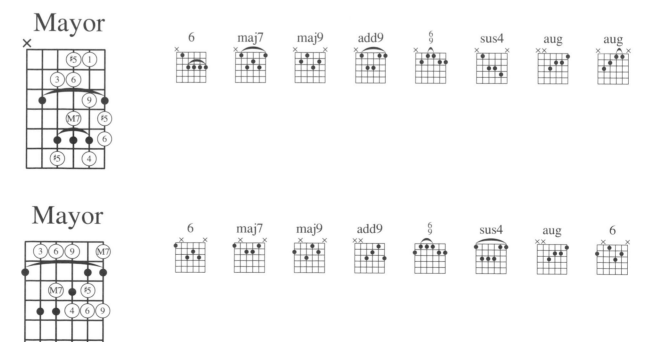

menor

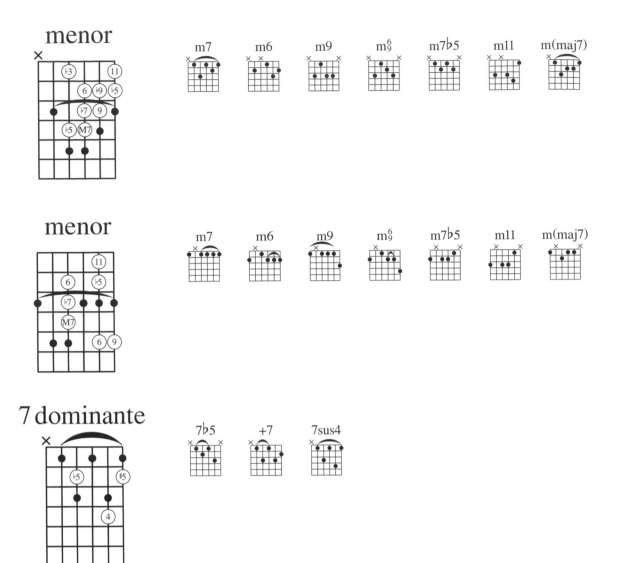

m7	m6	m9	m⁶₉	m7♭5	m11	m(maj7)

menor

m7	m6	m9	m⁶₉	m7♭5	m11	m(maj7)

7 dominante

7♭5	+7	7sus4

Esta es otra forma de séptima dominante con la fundamental en la 5.º cuerda muy útil:

7 dominante

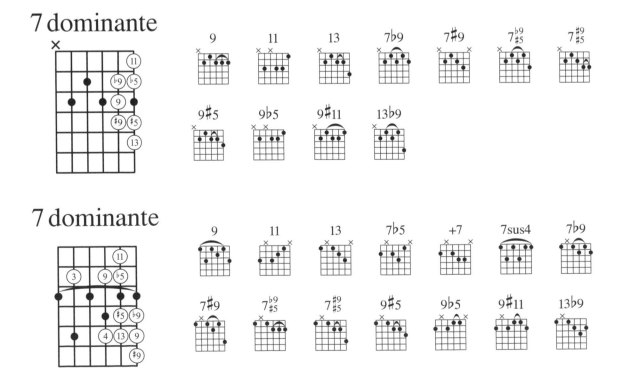

9	11	13	7♭9	7♯9	7♭9♯5	7♯9♯5

9♯5	9♭5	9♯11	13♭9

7 dominante

9	11	13	7♭5	+7	7sus4	7♭9

7♯9	7♭9♯5	7♯9♯5	9♯5	9♭5	9♯11	13♭9

Acordes disminuidos

7 dominante

7 dominante

El **acorde disminuido** (1, ♭3, ♭5, ♭♭7) tiene algunas características inusuales:

Se repite cada tres trastes. Por ejemplo, estos son todos acordes C disminuidos. Compruébalo tú mismo: todos tienen las mismas cuatro notas: C (1), E♭ (♭3), G♭ (♭5) y A (♭♭7).

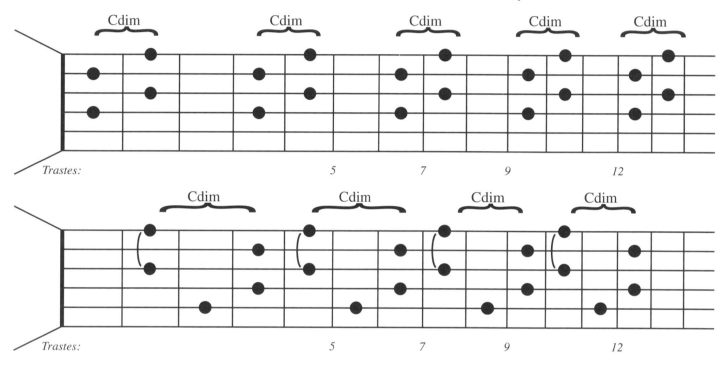

Un acorde disminuido puede tomar su nombre de cualquiera de las cuatro notas que contiene.
C disminuido también puede llamarse E♭ disminuido, G♭ disminuido o A disminuido, dependiendo del contexto en el que aparezca.

EN RESUMEN: AHORA SABES...

1. Las fórmulas de muchos tipos de acordes.

2. Dos formas de tocar cada tipo de acorde: con una fundamental en la 5.º cuerda y con una fundamental en la 6.º cuerda.

3. El significado de estos términos musicales:
   a) Aumentado
   b) Disminuido
   c) Suspendido

ESCALAS MAYORES MÓVILES

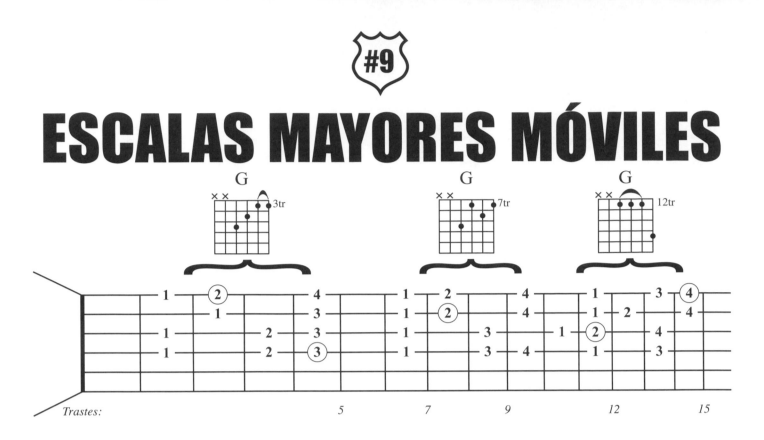

¿POR QUÉ? La escala mayor es la base de un sinnúmero de melodías presentes en canciones de diferentes géneros: rock, country, jazz, folk y pop. Estar familiarizado con varias escalas mayores móviles te permite encontrar y tocar melodías sin tener que memorizarlas por adelantado. Te acerca un paso al objetivo de cualquier guitarrista: poder *tocar* cualquier melodía que escuches.

¿QUÉ? **Los números en el diapasón de la HOJA DE RUTA N.º 9 son las sugerencias para la digitación de la mano izquierda.**

Las tres escalas de la HOJA DE RUTA N.º 9 están basadas en tres acordes de la HOJA DE RUTA N.º 5 y N.º 6. Las notas fundamentales (todos G en este diagrama) están marcadas con un círculo. Toca el de acorde apropiado para que la mano sobre el diapasón quede en posición para tocar una de las escalas mayores. Por ejemplo, toca una formación de F en el 3.º traste para tocar la escala más grave de G en la **HOJA DE RUTA N.º 9**.

Esta variación de la **HOJA DE RUTA N.º 9** muestra la relación entre los patrones de la escala y sus acordes correspondientes:

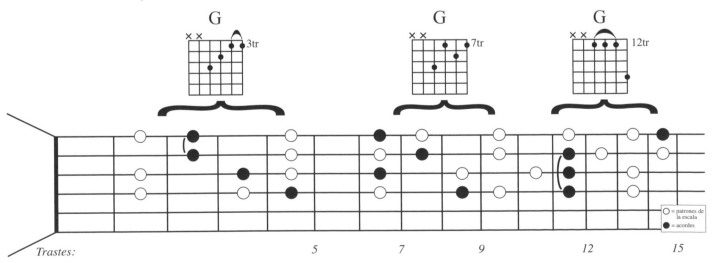

En ocasiones, tu mano izquierda saldrá de la posición de los acordes mientras tocas las escalas mayores; los acordes son marcos de referencia útiles. Utiliza la digitación sugerida para la mano izquierda.

Si combinas la información de la **HOJA DE RUTA N.º9** y **N.º 5**, tienes tres formas de tocar cualquier escala mayor. Por ejemplo, en la tonalidad de C, puedes tocar las escalas mayores asociadas con estos tres acordes:

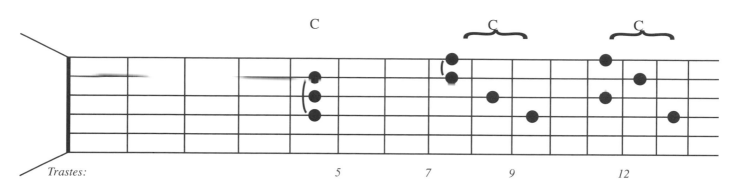

Estas son más posiciones de la escala mayor más arriba en el mástil. Son las "repeticiones de los doce trastes más agudos" de las tres posiciones básicas. Por ejemplo, en la tonalidad de F, puedes repetir las escalas de la formación de F y de D una octava más aguda:

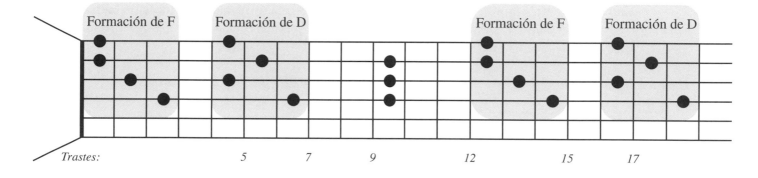

¿CÓMO?

Estas son tres escalas de G que concuerdan con los tres acordes de G. Toca cada una repetidamente. Pon tu mano izquierda en posición para tocar cada escala; para ello, toca el acorde que corresponde. ¡Comienza cada escala con su nota fundamental, para que puedas reconocer el sonido "do-re-mi" que has escuchado toda la vida!

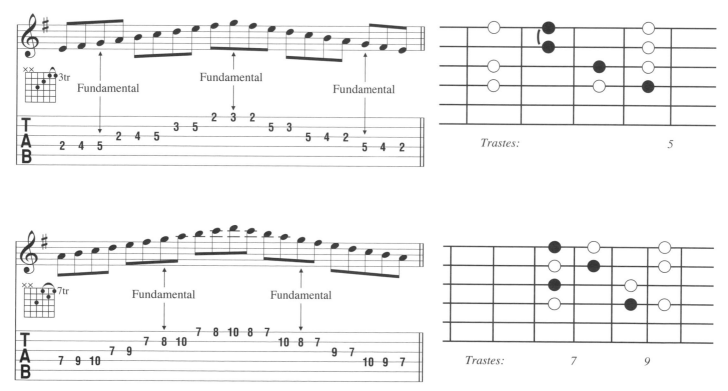

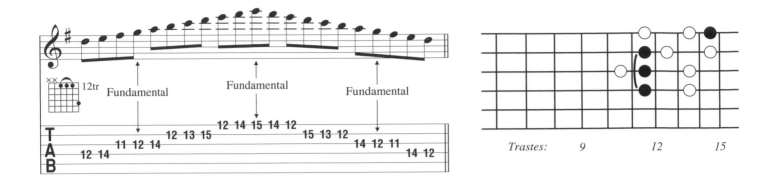

¡HAZLO! **Toca cada escala una y otra vez en diferentes lugares del diapasón** para familiarizarte con los patrones de escala. Utiliza el patrón de formación de F para tocar las escalas mayores de G, A, C, D y E. Utiliza el patrón de formación de D para tocar las escalas mayores de E, F, G y A. Utiliza el patrón de formación de A para tocar las escalas de B, C, D, E y A.

Una vez que estés familiarizado con un patrón de la escala, utilízalo para tocar melodías. Puedes desarrollar el oído y aprender a tocar canciones si comienzas con canciones simples y conocidas, como las canciones de cuna:

Mary Had a Little Lamb

Twinkle, Twinkle, Little Star

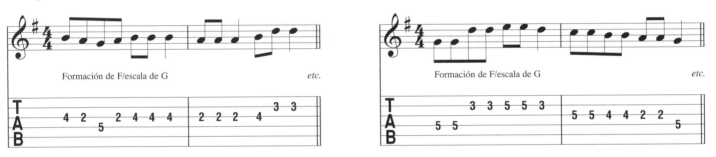

Trata de tocar una melodía con los tres patrones de la escala. Algunas canciones pueden tocarse fácilmente en dos registros (es decir, en la parte de arriba y en la de abajo del diapasón), utilizando dos patrones de escala diferentes. "María tenía un corderito" figura a continuación para su interpretación con un patrón de formación de escala de D. Se puede tocar en el mismo registro con un patrón de A. La melodía "Estrellita dónde estás" es muy aguda para un patrón de D, pero puede tocarse en un patrón de A:

Mary Had a Little Lamb

Twinkle, Twinkle, Little Star

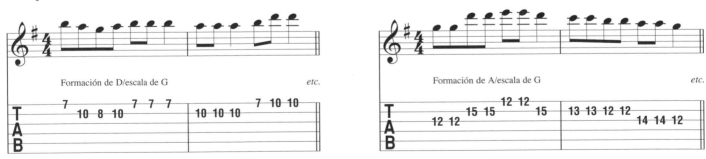

Toca todo tipo de canciones y busca canciones para seguir desarrollando tu oído. Utiliza los tres patrones de escala y toca en diferentes tonalidades. Al utilizar escalas móviles, no hay tonalidades fáciles o difíciles: son todas iguales.

Los patrones de escalas mayores pueden incluir las seis cuerdas. Los patrones de cuatro cuerdas previos pueden extenderse para permitirte tocar melodías en registros más graves.

Escalas de G mayor

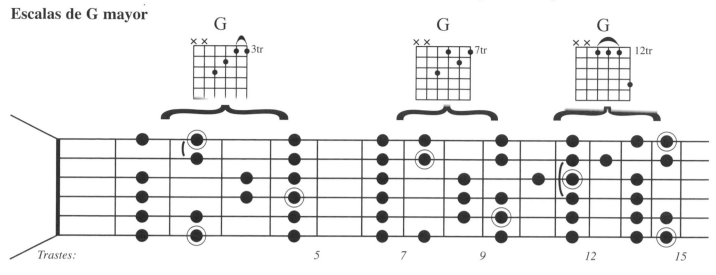

Utiliza las escalas mayores para tocar solos melódicos. El siguiente solo es la melodía del viejo folk/blues "Careless Love", con algunos adornos (glissandos y forzamientos de cuerdas). Consulta la **HOJA DE RUTA N.º 10** para obtener más información sobre el forzamiento de cuerdas. Se utilizan todas las posiciones de la escala mayor de G móviles.

PISTA 26

CARELESS LOVE

Puedes utilizar escalas mayores para improvisar. Si la progresión de acordes de una canción no se aleja mucho de la familia directa del acorde I, generalmente puedes utilizar la escala mayor del acorde I en toda la canción. En la siguiente progresión I–vi–ii–V, el solo utiliza las tres posiciones de la escala mayor de G.

BOSSA NOVA TUNE

EN RESUMEN: AHORA SABES...

1. Cómo tocar tres escalas mayores móviles para cada tonalidad.

2. El significado del término musical "registro".

3. Cómo tocar melodías en todas las tonalidades en dos o tres registros.

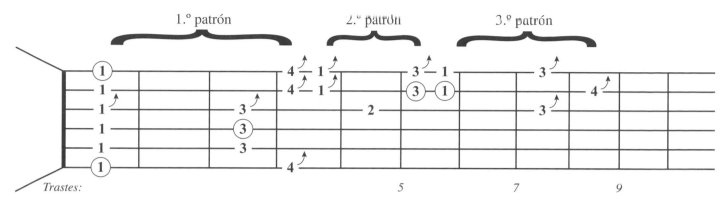

TRES ESCALAS MÓVILES DE BLUES

¿POR QUÉ?

El blues es la base del jazz y el rock, y es un elemento muy importante en el country, el pop, el folk, los clásicos y el show music. Si utilizas las escalas de blues, puedes tocar licks y melodías en todos estos géneros musicales. Como las escalas de blues de la **HOJA DE RUTA N.º 10** son móviles, te permiten tocar en todas las tonalidades.

¿QUÉ?

Los tres patrones en la HOJA DE RUTA N.º 10 son escalas de blues en F. También se las llama *blues boxes* o *escalas pentatónicas menores*. Las notas fundamentales están marcadas con un círculo. Los números indican las posiciones sugeridas para la digitación.

En las notas de la escala que aparecen con flechas (4↗, 1↗) se puede hacer un forzamiento o "pulsación". Esta técnica de la mano izquierda, que se describe en la próxima página, es importante para el sonido del blues.

Al igual que las escalas mayores, las escalas de blues son útiles para tocar melodías y licks. A menudo, puedes quedarte en una posición blusera y tocar licks y melodías durante toda la canción, a pesar de los cambios de acordes propios de dicha canción.

Los patrones segundo y tercero te permiten tocar melodías y licks en un registro más agudo que en el primer patrón. Hay patrones aún más agudos, pero estos tres contienen licks y clichés del blues/rock fundamentales que se hicieron famosos gracias a un sinnúmero de guitarristas de blues, rock y jazz.

Esta escala de blues es una escala *pentatónica*, que significa que contiene cinco notas: la 1.º, ♭3.º, 4.º, 5.º y ♭7.º notas de su tonalidad. Por ejemplo, las notas de la escala de blues pentatónica menor de F son F, A♭, B♭, C y E♭: la 1.º, ♭3.º, 4.º, 5.º y ♭7.º notas en relación con la escala mayor de F. Las notas de la escala de blues de G son G(1), B♭(♭3.º), C(4.º), D(5.º) y F(♭7.º).

Puedes agregar otras notas y aún así lograr un sonido de blues. Esta es una versión extendida de los tres patrones de escala con "notas extras" añadidas.

Blues en F:

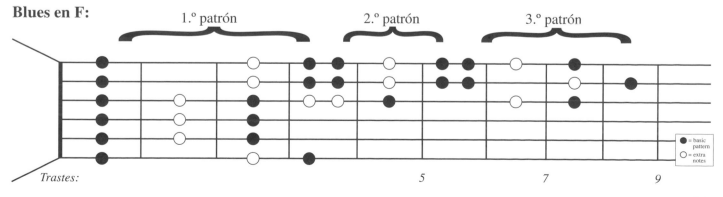

¿CÓMO? **Para poner en posición la mano izquierda para el primer blues box, toca una formación de F en el traste apropiado.** Para la tonalidad de G, toca una formación de F en el tercer traste, que es el acorde G. No es necesario que mantengas la posición del acorde F mientras tocas la escala, pero es un punto de referencia útil y contiene una nota fundamental aguda y grave.

Blues en G; Primer patrón de escala

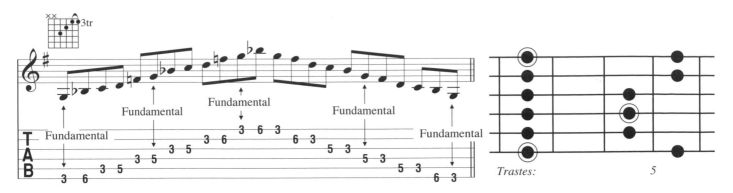

Para poner la mano en posición para el segundo blues box, toca la nota fundamental en la segunda cuerda con el tercer dedo (anular). En G, toca la nota G en la 2.º cuerda/8.º traste con el dedo anular.

Blues en G; Segundo patrón de escala

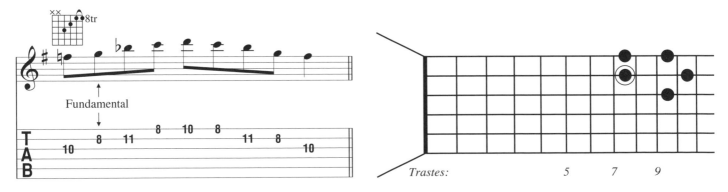

Para poner en posición la mano izquierda para el tercer blues box, toca la formación de F del acorde IV. Por ejemplo, en la tonalidad de G, toca una formación de F/acorde C (en el 8.º traste), porque C es el acorde IV en la tonalidad de G.

Blues en G; Tercer patrón de escala

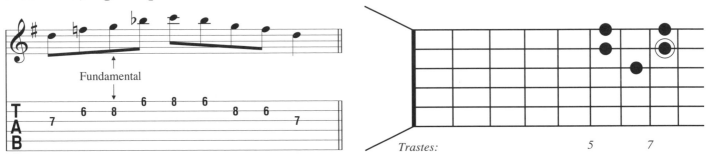

No suena como blues a menos que hagas una *pulsación* **(o un** *forzamiento***) en algunas cuerdas.** Para pulsar una cuerda, tira de ella hacia arriba o hacia abajo con el dedo de la mano que tienes sobre el diapasón. Esto eleva su sonido uno, dos o tres trastes más arriba de lo normal. Puedes controlar el cambio de sonido minuciosamente; puedes hacer forzamientos hacia arriba y hacia abajo para hacer que una nota baje o suba de tono.

¡HAZLO!

PISTA 28

Licks de blues: Toca estos licks de blues típicos para darte cuenta de cómo usar estos tres patrones de escala. Posiciona la mano izquierda correctamente, dependiendo del blues box que utilices.

Blues en G; Primer patrón de escala

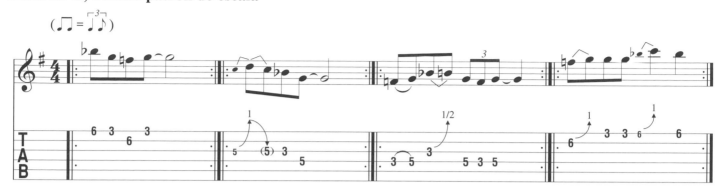

PISTA 29

Blues en G; Segundo patrón de escala

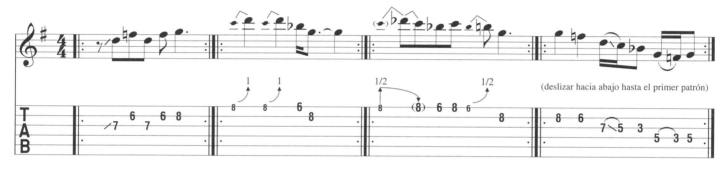

PISTA 30

Blues en G; Tercer patrón de escala

Utiliza los blues boxes para tocar melodías. Encuentra las melodías de estas populares canciones de blues y rock utilizando el patrón de la primera escala: "Pride and Joy", "After Midnight", "Black Magic Woman", "Shake, Rattle, and Roll", "Johnny B. Goode", "Evil Ways", "Spoonful", "Route 66", "Hound Dog", "The Thrill Is Gone", "Stormy Monday" y "Baby, Please Don't Go". Haz forzamientos ascendentes en las notas que están enfatizadas para obtener un efecto más blusero.

La siguiente versión de "See See Rider" está en tonalidad de A. La melodía, que se toca con algunos adornos, nos hace recordar a "Shake, Rattle, and Roll", y a muchas otras canciones populares de blues. Este arreglo se toca en el primer patrón de blues, a excepción de los compases 4–7, que se tocan en el segundo patrón. Como en muchas canciones de blues, una frase de cuatro acordes se canta dos veces, seguida por una tercera frase rítmica. En este caso, la frase repetida se toca una octava más aguda.

SEE SEE RIDER

See see rid-er, see _____ what you _____ have done.

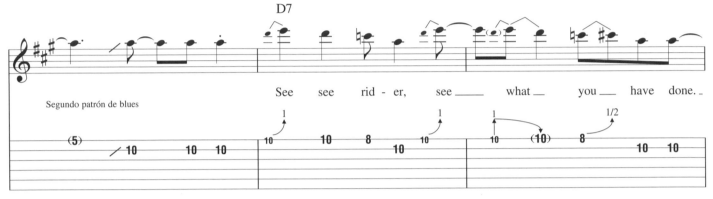

See see rid-er, see _____ what _____ you _____ have done. _____

You made me _____ love you, now _____

_____ your man _____ has come. _____

Toca siguiendo las grabaciones (o a otros guitarristas) e improvisa utilizando las escalas de blues.
No tienes que cambiar patrones con los cambios de acordes de la canción. Puedes tocar licks en el patrón de una escala en toda la canción.

Sustitución en la escala relativa menor de blues: Si un lick de blues no suena bien en una canción, lo mismo puedes usar los blues boxes primero y segundo: sólo tócalos *tres trastes más abajo* que la tonalidad real de la canción. Esto te pone en una tonalidad relativa menor. Por ejemplo, si los licks de blues del primer patrón C (en el 8.º traste) no suena bien en una canción con tonalidad de C, toca los licks de blues del primer patrón (en el 5.º traste). (Esto funciona porque Am es el menor relativo de C, entonces la escala pentatónica de *A menor* es igual a la escala pentatónica de *C mayor*). Este tipo de sustitución funciona para muchas canciones de country, baladas de rock o cualquier canción cuya melodía esté basada en una escala mayor en vez de en una escala de blues.

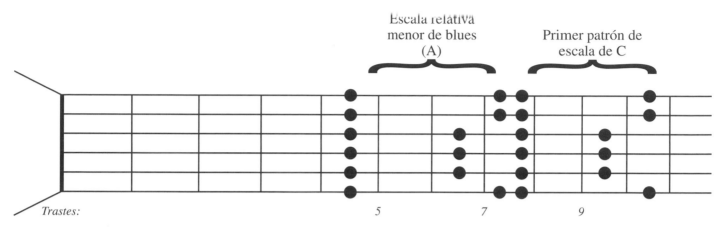

La siguiente versión de "Chilly Winds" está en la tonalidad de C y el solo hace uso de los blues boxes primeros y segundos en A. La mayor parte de la ejecución es el primer patrón de blues, así que posiciona la mano que va sobre el diapasón en la formación de F en el 5.º traste. La canción es un viejo blues que muchos artistas de rock, bluegrass, folk y country han interpretado.

PISTA 32

CHILLY WINDS

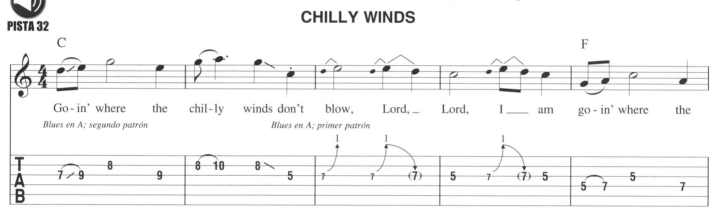

Puedes utilizar el tercer blues box para tocar canciones que no sean blues. Igual que la "escala sustituta" que se describió anteriormente, el tercer patrón de blues funciona para situaciones donde los otros dos patrones no suenan bien. La canción de country rock a continuación ilustra esto:

THE WATER IS WIDE

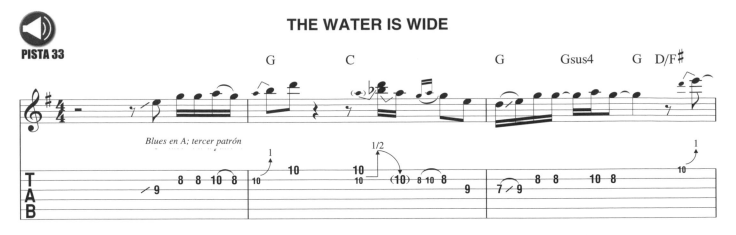

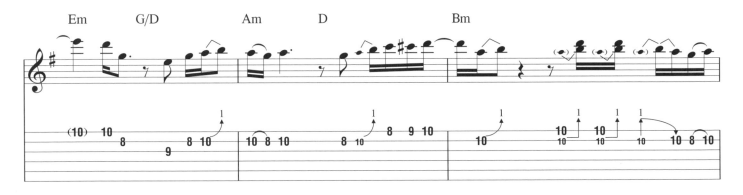

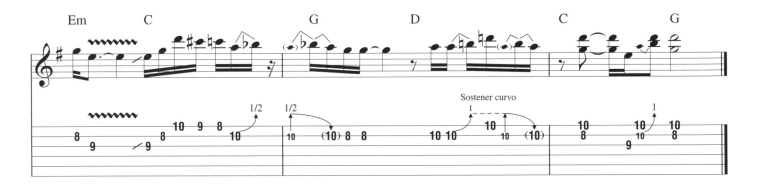

EN RESUMEN: AHORA SABES...

1. Cómo tocar licks de blues y melodías en cualquier tonalidad utilizando diferentes patrones de escala (blues boxes).

2. Cómo hacer una pulsación (forzamiento) en las cuerdas para obtener un efecto blusero.

3. Las notas que componen la escala pentatónica de blues.

4. Cómo sustituir la escala menor relativa de blues cuando los licks de blues estándares no suenan bien en una canción.

ESCALAS PENTATÓNICAS MAYORES

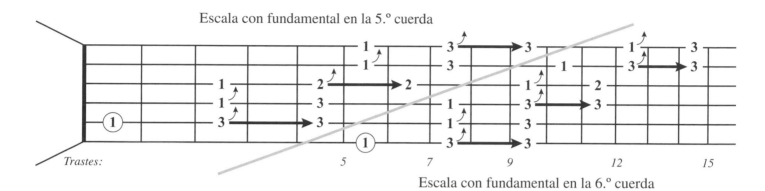

Escala con fundamental en la 5.º cuerda

Trastes:

Escala con fundamental en la 6.º cuerda

¿POR QUÉ?

Estas dos escalas versátiles pueden ayudarte a tocar solos y licks de acompañamiento en canciones de rock, R&B, country, jazz, blues, bluegrass, folk y pop.

¿QUÉ?

La **HOJA DE RUTA N.º 11** ilustra cómo tocar dos escalas mayores pentatónicas en B♭. Una tiene la fundamental en la 6.º cuerda y la otra en la 5.º cuerda. (Ambas fundamentales están marcadas con un círculo).

Estas escalas incluyen glissandos incorporados y se indican con flechas rectas. Así, cada escala abarca diez trastes.

Los números en el diapasón con flechas curvas (3↗, 1↗) indican que se puede hacer un forzamiento (pulsación).

Generalmente, una escala deslizante puede tocarse en toda una canción. Si la canción está en tonalidad de C, puedes usar escalas deslizantes en C en toda esa canción.

— **También puedes "ir con los cambios"** y utilizar esta escala deslizante que concuerda con cada cambio de acorde, especialmente cuando una canción permanece en un acorde por más de unas cuantas barras.

La escala pentatónica mayor contiene estas cinco notas: 1, 2, 3, 5 y 6. En la escala de C, esto es: C(1), D(2), E(3), G(5) y A(6). Sólo tararea el riff de "My Girl" para recordar el sonido de la pentatónica mayor.

Utiliza las escalas pentatónicas mayores para tocar licks y melodías en todo tipo de música, cuando las escalas de blues parezcan inapropiadas. Puedes escuchar pentatónicas mayores clásicas en los solos de Dicky Betts (Allman Brothers) y Jerry Garcia (Grateful Dead). Para obtener ejemplos de rock clásico, escucha a "Ramblin' Man" de Allman Brothers, el solo de George Harrison en "Let It Be" de los Beatles y la guitarra principal de Ron Wood en "Maggie May" de Rod Stewart.

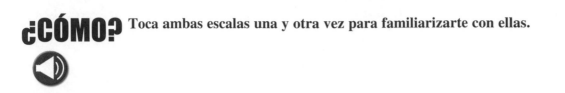

¿CÓMO? Toca ambas escalas una y otra vez para familiarizarte con ellas.

Escala pentatónica de C mayor (fundamental en la 5.º cuerda)

Escala pentatónica de C mayor (fundamental en la 6.º cuerda)

¡HAZLO! Los próximos tres solos están compuestos por licks pentatónicos mayores en C y G:

PISTA 35

Country rock rápido

*Escala pentatónica de C mayor
(fundamental en la 5.º cuerda)*

Rock lento

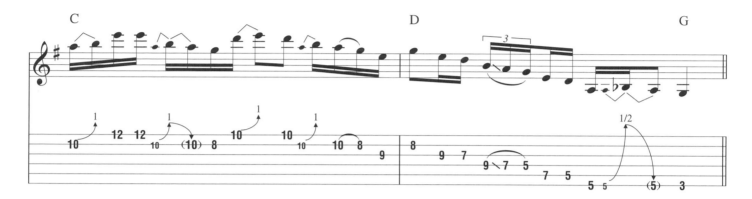

Country Shuffle ($\square\square = \overline{}^{3}\overline{}$)

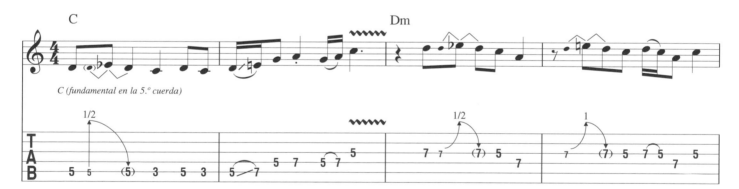

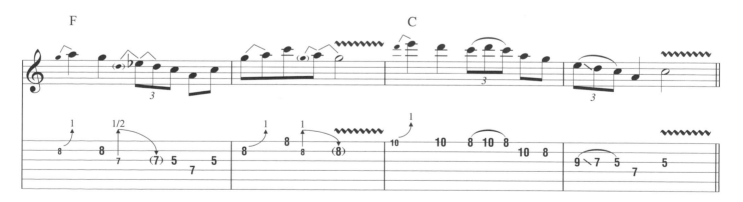

Toca siguiendo las grabaciones o a otros guitarristas y utiliza las escalas pentatónicas mayores como guías para tus improvisaciones. Trata de permanecer en la posición de la escala tónica (centro de la tonalidad) durante toda la canción y luego trata de utilizar una escala diferente para que concuerde con los cambios de acordes.

Toca esta versión de "Chilly Winds" en tonalidad de G. La melodía se toca con algunos adornos usando la escala pentatónica de G mayor con fundamental en la 6º cuerda. Las siguientes ocho medidas están una octava arriba de las primeras ocho.

CHILLY WINDS (escala pentatónica de G)

PISTA 38

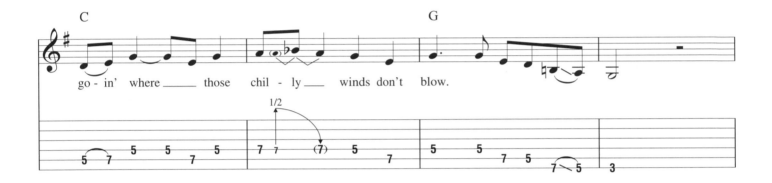

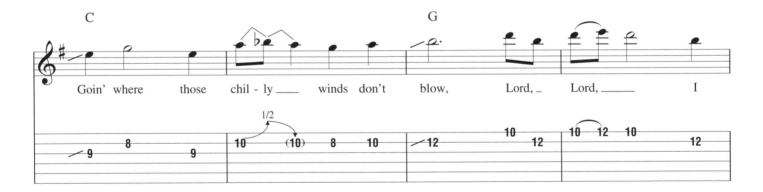

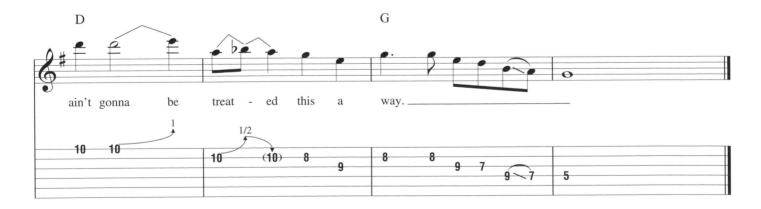

El siguiente solo va "**con los cambios**". Tiene la misma progresión de acordes que la versión de "Chilly Winds" anterior, pero el solo está basado en una escala pentatónica mayor de G durante el acorde G, la escala pentatónica mayor de C durante el acorde C y la escala de D durante el acorde D.

PISTA 39

CHILLY WINDS ("yendo con los cambios")

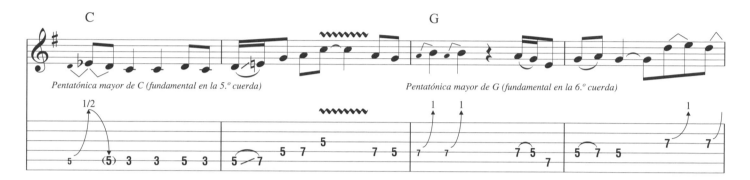

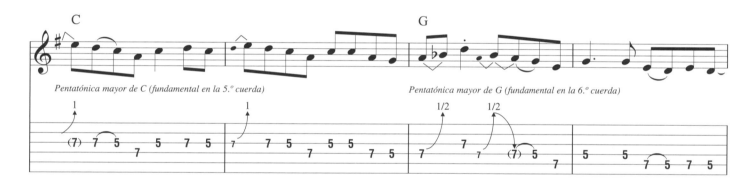

EN RESUMEN: AHORA SABES...

1. Dos escalas pentatónicas mayores para cada tonalidad y cómo utilizarlas para tocar solos.

2. Cómo tocar solos "con los cambios" utilizando las escalas pentatónicas mayores.

UN LICK MÓVIL CON DOBLE NOTA

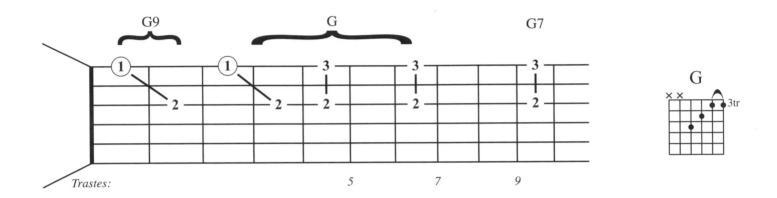

¿POR QUÉ? Este patrón móvil con doble nota abre un "mundo nuevo de licks" para la guitarra principal. Es la base de muchos licks y solos en todos los géneros musicales y es la fuente de muchos riffs de R&B y rock clásico (escucha "Brown Eyed Girl" de Van Morrison, la introducción de "Red House" de Jimi Hendrix y "Soul Man" de Sam & Dave).

¿QUÉ? **Es básicamente un turnaround de blues en tonalidad de E** *convertido en un lick móvil.* **Este es el** turnaround original seguido de una versión móvil:

La base de esta serie de licks es la formación de F. Para tocar el turnaround que aparece arriba en G, coloca la mano que va en el diapasón con una formación de F en el tercer traste. Comienza el lick con un glissando al 7.º traste utilizando la digitación que se indica en la **HOJA DE RUTA N.º 12**.

PISTA 41

Hay un sinnúmero de licks de doble nota que surgen de esta hoja de ruta. Pueden tocarse como fills de acompañamiento, durante solos y como "riffs" (lick personal repetitivo que le da a la canción un carácter distintivo). Pueden subir o bajar o subir y bajar, como se muestran en estas variaciones basadas en el acorde G:

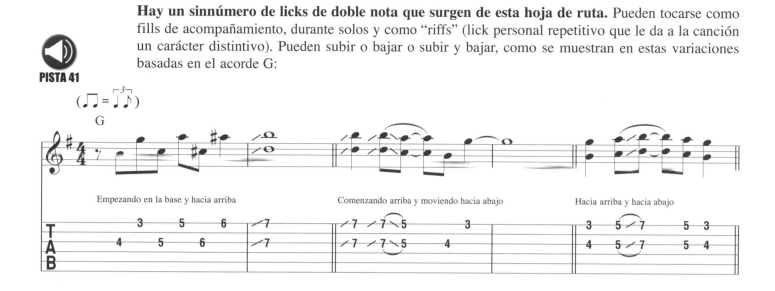

Empezando en la base y hacia arriba — Comenzando arriba y moviendo hacia abajo — Hacia arriba y hacia abajo

El G9 y G7 que se muestran en la **HOJA DE RUTA N.º 12** ofrecen aún más variaciones. (Consulta los ejemplos en la sección **¡HAZLO!**).

¿CÓMO?

Cambia las formaciones de F con los cambios de acordes de la canción: Cuando haya un acorde C, toca licks de doble nota basados en el acorde C de formación de F en el 8.º traste.

Puedes comenzar un lick en cualquiera de las cinco posiciones de la HOJA DE RUTA N.º 12: no sólo en la formación de F. La formación de F es para orientarse. Puedes visualizar la formación de F/base y tocar las posiciones que están arriba o abajo de ella, como en el segundo ejemplo arriba (comenzando desde arriba y yendo hacia abajo). Hay más ejemplos en la sección **¡HAZLO!**.

Se pueden utilizar posiciones "intermedias". Por ejemplo, el turnaround original en G incluye una doble nota en el 6.º traste entre las dobles notas estándares en los trastes 5.º y 7.º.

¡HAZLO!

Toca los siguientes licks de doble nota. Ilustran algunos de los muchos estilos musicales que puedes mejorar con esta bolsa de trucos.

PISTA 42

Blues Shuffle moderado

Rock/funk moderado

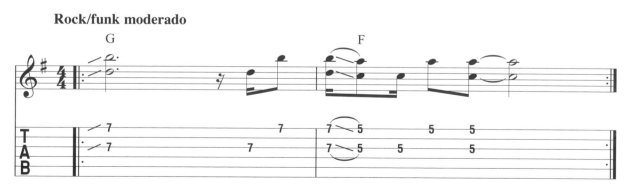

Rock/funk moderado

Rock moderado, de D(V) a G(I)

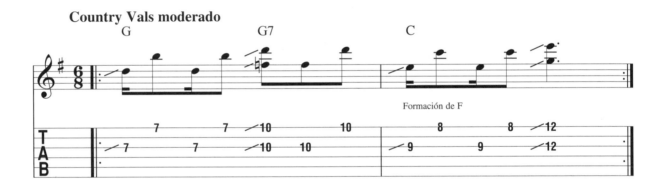

Country Vals moderado

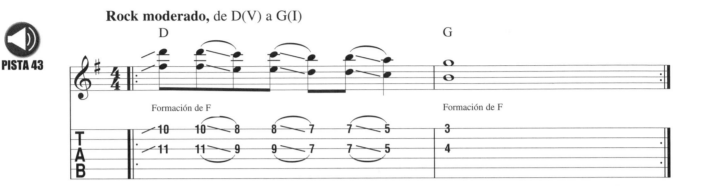

Country Shuffle moderado (♫ = ♩³♪)

— Observa cuán convenientemente la 7.º posición tónica lleva al acorde IV en el lick "country waltz". El 7.º acorde generalmente lleva a "subir una cuarta". Entonces, toca la posición G7 antes de ir a C o el lick de doble nota en C7 para ir a F, etc.

— La 9.º posición tiene un sabor blusero.

Si tu guitarra tiene un cutaway, generalmente puedes elegir una posición más alta o más baja para cualquier acorde. Por ejemplo, puedes basar los licks en G en la formación de F/3.º traste o en la formación de F/15.º traste.

La siguiente versión de rock del viejo blues "Stagolee" muestra cómo usar los licks de doble nota como fills, durante una parte cantada o en solos. Observa como la 7.º posición tónica (G7, medida 4 del solo) lleva al acorde IV (C). La 9.º posición también lleva a "subir una cuarta" como se ejemplifica en las medidas 9–10 del solo: La posición D9 lleva a G.

STAGOLEE

"Careless Love", la canción que se muestra a continuación, es otro ejemplo de cómo utilizar licks de doble nota como fills para acompañar a un vocalista y de cómo utilizarlos para armar un solo.

CARELESS LOVE

PISTA 45

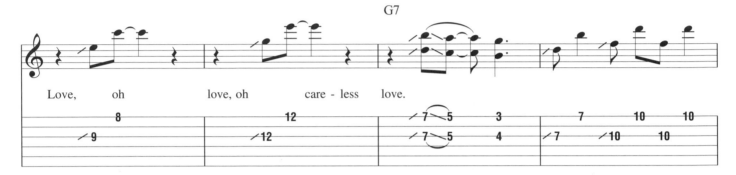

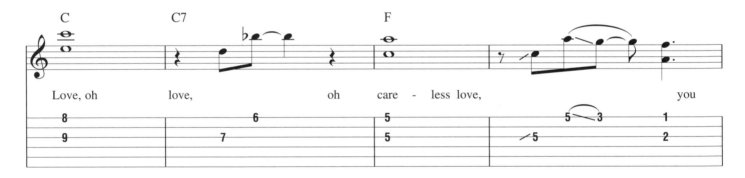

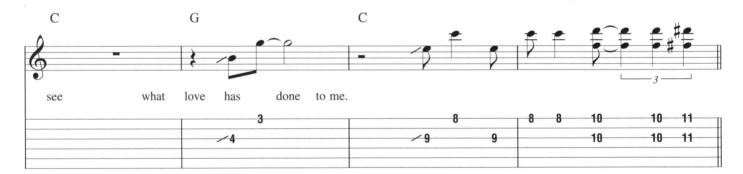

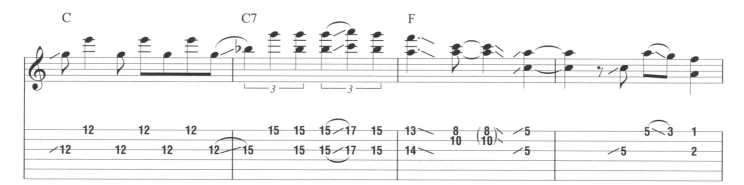

EN RESUMEN: AHORA SABES...

1. Cómo tocar una serie de licks de doble nota en la primera y tercera cuerdas para solos o acompañamientos en cualquier tonalidad.

2. Esos acordes de 7.º o 9.º siempre llevan a "subir una cuarta".

¿Y DESPUÉS?

Si has leído las doce hojas de ruta/capítulos y has completado todos los licks y ejercicios, te estarás preguntando qué hacer ahora. Algunas sugerencias:

- Si una hoja de ruta te revela un territorio inexplorado, puedes pasar días o semanas tocando para asimilar la información. Ten en cuenta el nuevo material cuando estés tocando y trata de utilizarlo.

- Las hojas de ruta son de especial ayuda cuando tocas con otras personas (al ensayar o improvisar). Busca otros guitarristas y también toca siguiendo las grabaciones.

- Escucha grabaciones (y la radio) y trata de reconocer escalas y licks de la hoja de ruta. Trata de imitar lo que escuchas.

- **¡Improvisa!** Las hojas de ruta te llevarán a nuevos destinos con la guitarra.

Envía cualquier pregunta que puedas tener sobre este u otro libro escrito por Fred Sokolow a *Sokolowmusic.com*.

¡Qué tengas buen viaje/aprendizaje!

Fred Sokolow

CÓMO UTILIZAR LAS PISTAS DE PRÁCTICA

Las hojas de ruta clarifican muchas estrategias de solos, incluso el uso de:
- licks de acordes
- blues boxes
- sustitución de blues boxes
- escalas pentatónicas mayores
- licks de doble nota móviles (1.º y 3.º cuerdas)
- escalas mayores móviles

Cada una de las pistas de práctica ilustra cómo utilizar una o dos de estas técnicas. La guitarra principal está separada del resto de la banda: está en un canal de tu estéreo, así que puedes sintonizarlo y utilizar la banda como acompañamiento para probar cualquier técnica de solo que quieras. También puedes imitar la guitarra principal del CD.

Estas son las ideas para solos en cada pista:

CARELESS LOVE (en G): Licks basados en acordes
(incluso los licks de doble nota de las cuerdas 1.º y 2.º)

PISTA 46

— En el primer ciclo de la canción de 16 medidas, el solo está basado en el acorde G con formación de F en el 3.º traste y los acordes IV y V asociados con este (consulta la **HOJA DE RUTA N.º 6**); la segunda vez, está basado en el acorde G con formación de D en el 7.º traste; la tercera vez, está en el acorde G con formación de A en el 12.º traste.

"BLUES/ROCK de 12 barras" (en Am): patrones de blues primero y segundo

PISTA 47

— En el primer ciclo de 12 barras, el solo está basado en el primer patrón de blues. Las otras tres veces, la guitarra principal cambia del primero al segundo blues box permanentemente. Otra pista: el segundo y el tercer ciclo comienzan con licks del segundo patrón.

CHILLY WINDS (en D): tercer patrón de blues y escala de blues sustituta

PISTA 48

— En el primer ciclo de esta canción de 16 medidas, el solo está basado en el tercer blues box en tonalidad de D en el 15.º traste; la segunda vez, el solista utiliza la primera y segunda posición de blues "sustituta" (comienza tres trastes abajo del 10.º traste/primer blues box en D); la tercera vez, el tercer blues box en D se utiliza una octava más abajo, en el 3.º traste.

STAGOLEE (en G): escalas pentatónicas mayores

PISTA 49

— El primer solo de doce barras está basado mayoritariamente en licks de la escala pentatónica mayor de G con la fundamental en la 5.º cuerda (comienza en el 10.º traste). La segunda y tercera vez que se interpreta la melodía, los solos estan basados principalmente en la escala pentatónica mayor de G con la fundamental en la 6.º cuerda (3.º traste), pero en ocasiones, el solista toca licks pentatónicos en C y D "yendo con los cambios" de la canción.

TAKE THIS HAMMER (en E): escalas mayores de E móviles

PISTA 50

— En el primer ciclo de esta canción de folk de 16 medidas, el solo está basado en una escala mayor de E asociada con la formación de D en el 4.º traste; la segunda sección de los 16 acordes está basada en la escala de E a la que accedes si tocas la formación de A en el 9.º traste; la tercera vez, el solista utiliza licks de la escala mayor de E con formación de F en el 12.º traste.

SOBRE EL AUTOR

FRED SOKOLOW es un "músico de músicos" versátil. Además de ser el líder de sus propias bandas de jazz, bluegrass y rock, Fred ha salido de gira con Bobbie Gentry, Jim Stafford, Tom Paxton, Ian Whitcomb, Jody Stecher y The Limeliters, donde tocó la guitarra, el banjo, la mandolina y el dobro. Su música se ha escuchado en muchos programas de televisión (*Survivor, Dr. Quinn*), comerciales y películas (escucha su banjo con un estilo Dixieland en *El miau del gato*).

Sokolow ha escrito cerca de cien libros y videos de instrumentos de cuerda para siete editoriales importantes. Esta biblioteca de material instructivo, que enseña jazz, rock, bluegrass y country, además de guitarra de blues, banjo, dobro y mandolina, está a la venta en seis continentes. Sokolow también imparte seminarios musicales en la Costa Oeste. Un CD de jazz, dos grabaciones de guitarra de rock y dos de banjo, que muestran la técnica de Sokolow, recibieron excelentes críticas en los Estados Unidos y Europa.

Si todavía piensas que Sokolow no es tan versátil, tienes que saber que hizo de maestro de ceremonias de Carol Doda en el legendario Condor Club de San Francisco, acompañó a un virtuoso de la balalaika ruso en el prestigioso Bonaventure Hotel en Los Ángeles, ganó el *Gong Show*, tocó la lap steel y el banjo en el programa de televisión *Tonight Show*, punteó el dobro con Chubby Checker y tocó la mandolina con Rick James.

LEYENDA DE NOTACIÓN DE GUITARRA

La notación de la música de guitarra se puede realizar en tres maneras diferentes: en un *pentagrama musical*, en *tablaturas* y en *diagonales de ritmo*.

Las **DIAGONALES DE RITMO** se escriben sobre el pentagrama. Toca los acordes siguiendo el ritmo indicado. Utiliza los diagramas de acordes que se encuentran en la primera página de la transcripción para ver las sonoridades apropiadas de los acordes. Las cabezas de nota redondas indican una sola nota.

El **PENTAGRAMA MUSICAL** muestra los tonos y los ritmos y está dividido en compases mediante barras de compás. Los tonos reciben los nombres de las primeras siete letras del alfabeto.

La **TABLATURA** representa de manera gráfica el diapasón de la guitarra. Cada línea horizontal representa una cuerda y cada número representa un traste.

Notas:

Cuerdas:
aguda

grave

4a cuerda, 2º traste — 1.º y 2.º cuerdas abiertas, pisadas juntas — acorde D abierto

DEFINICIONES PARA NOTACIÓN ESPECIAL DE GUITARRA

FORZAMIENTO DE SEMITONO: toca la nota y tira de la cuerda con el dedo con el que la pisas hacia arriba 1/2 tono.

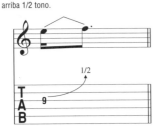

FORZAMIENTO DE TONO: toca la nota y tira de la cuerda con el dedo con el que la pisas hacia arriba un tono.

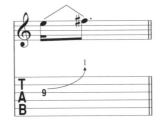

FORZAMIENTO DE NOTA CON GRACIA: Toca la nota e inmediatamente tira de la cuerda con el dedo con el que la pisas hacia arriba como se indica.

FORZAMIENTO LEVE (MICROTONO): Toca la nota y tira de la cuerda con el dedo con el que la pisas hacia arriba 1/4 de tono.

FORZAMIENTO Y LIBERACIÓN: toca la nota y tira de la cuerda hacia arriba tal como se indica y luego aflójala para llevarla a su posición original. Solo se toca la primera nota.

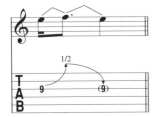

FORZAMIENTO EN TENSIÓN: Tira la nota como se indica y luego tócala.

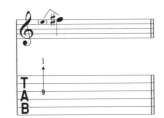

FORZAMIENTO EN TENSIÓN Y LIBERACIÓN: Tira la nota como se indica. Tócala en esa posición y luego aflójala para llevarla a su posición original.

FORZAMIENTO EN UNÍSONO: Toca las dos notas simultáneamente y tira la nota más baja hasta llegar al tono de la nota más alta.

VIBRATO: se hace vibrar la cuerda forzando y aflojando la nota rápidamente con la mano que va en el diapasón.

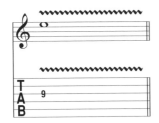

VIBRATO AMPLIO: Haz vibrar la mano que está sobre el diapasón para variar el tono en un mayor grado.

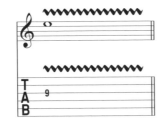

LIGADO ASCENDENTE: toca la primera nota (más grave) con un dedo, luego haz sonar la nota más aguda (en la misma cuerda) con otro dedo, pisándola pero sin tocarla con la púa.

LIGADO DESCENDENTE: coloca ambos dedos en las notas que quieras hacer sonar. Toca la primera nota y, sin tocar con la púa, quita el dedo con un jalón para que suene la segunda nota (más grave).

DESLIZAMIENTO LIGADO: toca la primera nota y luego desliza el mismo dedo de la mano del diapasón en forma ascendente o descendente hacia la segunda nota. Esta nota no se toca.

DESLIZAMIENTO CON CAMBIO: es como el deslizamiento anterior con la diferencia de que la segunda nota sí se toca.

TRINO: sucesión rápida y alternada de las notas indicadas golpeando y jalando las cuerdas continuamente.

TAPPING: Pisa con fuerza ("martilla") el traste indicado con el dedo índice o medio de la mano de la púa y sigue la nota que pisa la mano del diapasón.

ARMÓNICO NATURAL: Toca la nota mientras la mano del diapasón toca ligeramente el traste indicado sin llegar a presionarlo.

ARMÓNICO ARTIFICIAL: la nota se pisa en el traste habitual y el armónico se produce al agregar el costado del dedo pulgar o la punta del dedo índice de la mano de la púa cuando se realiza el punteo tradicional.

ARMÓNICO DE ARPA: La nota se forma normalmente y se apoya suavemente el dedo índice de la mano de la púa directamente sobre el traste indicado (entre paréntesis), mientras que el pulgar o la púa ayudan a tocar la cuerda apropiada para producir un armónico.

RASGAR CON LA PÚA: la púa se pasa de canto por la cuerda hacia abajo (o hacia arriba) y se produce un sonido chirriante.

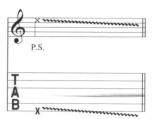

NOTAS MUERTAS: se produce un sonido de percusión colocando la mano del diapasón en la(s) cuerda(s) sin pulsarla(s) y luego se toca(n) con la mano de la púa.

SORDINA CON LA PALMA: se enmudece parcialmente la nota colocando la mano de la púa levemente sobre la(s) cuerda(s) justo antes del puente.

RAKE: pasar la púa por las cuerdas indicadas con un solo movimiento.

PUNTEO TRÉMOLO: el punteo de la nota se realiza lo más rápido y continuado posible.

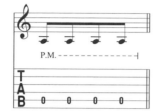

ARPEGIAR: tocar las notas de los acordes indicados haciendo una sucesión veloz del más grave al más agudo.

EMPUJAR LA PALANCA DE TRÉMOLO Y VOLVERLA A SU POSICIÓN: baja la nota o acorde una cantidad determinada de tonos (de ritmo) y luego vuélvela a su tono original.

SOLTAR LA PALANCA DE TRÉMOLO RÁPIDAMENTE: baja la palanca justo antes de tocar la nota y luego suelta la palanca rápidamente.

BAJAR LA PALANCA DE TRÉMOLO: toca la nota e inmediatamente baja una determinada cantidad de tonos. Luego, suéltala para que regrese a su tono original.

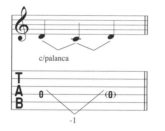

DEFINICIONES MUSICALES ADICIONALES

(acent.)	• Acentúa la nota (tócala más fuerte).
(acent.)	• Acentúa la nota con gran intensad.
(staccato)	• Toca la nota brevemente.
⊓	• Rasgueo hacia abajo
V	• Rasgueo hacia arriba
D.S. al Coda	• Vuelve al símbolo (), luego toca hasta la medida que dice *"To Coda"*; luego saltea hasta la sección denominada **"Coda"**.
D.C. al Fine	• Vuelve al comienzo de la canción y toca hasta la medida marcada como *"Fine"* (fin).

Rhy. Fig.	• Indicación que sirve para recordar un patrón recurrente de acompañamiento (usualmente de acordes).
Riff	• Indicación para recordar líneas melódicas compuestas (por lo general, notas solas) que se repiten.
Fill	• Indicación utilizada para identificar una figura melódica breve que debe insertarse en el arreglo.
Rhy. Fill	• Una versión de acordes del Fill.
tacet	• El instrumento queda en silencio (sale).
	• Repite medidas entre barras.
1. 2.	• Cuando una sección que se repite tiene finales diferentes, toca el primer final sólo la primera vez y el segundo final sólo la segunda vez.

NOTA: Los números de las tablaturas significan:
1. La nota se sostiene en un sistema (la nota en la notación estándar está ligada); o
2. La nota se sostiene, pero comienza una nueva articulación (como un ligado ascendente, ligado descendente, glissando o vibrato); o
3. La nota es una nota "fantasma" apenas perceptible (observa que en la notación estándar también está entre paréntesis).

HOJA DE PISTAS/ÍNDICE DE CANCIONES

PISTA	PÁGINA	PISTA	PÁGINA
1. Afinado	3	26. "Careless Love"	57
2. "Red River Valley"	12	27. "Canción Bossa Nova"	58
3. Progresión de rock	17	28. Blues en G; primer patrón de escala	61
4. Progresión de rock básica	18	29. Blues en G; segundo patrón de escala	61
5. Tercera progresión	18	30. Blues en G; tercer patrón de escala	61
6. Blues de 12 barras	23	31. "See See Rider"	62
7. Lick de Boogie-Woogie	23	32. "Chilly Winds"	63
8. Acompañamiento de Boogie-Woogie para blues de 12 barras	24	33. "The Water Is Wide"	64
9. Tres progresiones de rock típicas	25	34. Dos escalas pentatónicas mayores de C	66
10. "Midnight Special"	26	35. Country rock rápido	66
11. Aplicaciones de la hoja de ruta D–A–F	30	36. Rock lento	67
12. Dos licks D–A–F más	30	37. Country Shuffle	67
13. Licks de formación de F	31	38. "Chilly Winds" (escala pentatónica de G)	68
14. Licks de formación de D	32	39. "Chilly Winds" ("yendo con los cambios")	69
15. Licks de formación de A	32	40. Turnaround de blues en tonalidad de E	70
16. Licks ascendentes de acorde G	32	41. Licks de doble nota	71
17. Tres acordes/licks de familias de acordes	36	42. Tres licks de doble nota más	71
18. Dos licks de baladas de rock	37	43. Otros tres licks de doble nota	72
19. Dos licks de acordes con variación de acordes	38	44. "Stagolee"	73
20. Dos más de lo anterior	38	45. "Careless Love"	74
21. El acorde IV se movió dos trastes más arriba	39	46. Pista de práctica N.º 1 "Careless Love" en G	76
22. Dos más de lo mismo	39	47. Pista de práctica N.º 2 "Blues de 12 barras" en Am	76
23. El acorde V dos trastes más abajo	40	48. Pista de práctica N.º 3 "Chilly Winds" en D	77
24. Progresión I–VI–II–V	42	49. Pista de práctica N.º 4 "Stagolee" en G	77
25. Progresión I–vi–ii–V	42	50. Pista de práctica N.º 5 "Take This Hammer" en E	77